★ 읽다 보면 사회 상식이 저절로 ★

그래서 이런 직업이 생겼대요

우리누리 글
송진욱 그림

길벗스쿨

들어가며

"나에게는 어떤 직업이 어울릴까?"
"내가 원하는 직업에는 어떤 능력이 필요할까?"

한번쯤 이런 생각을 해 본 적이 있을 거예요.
직업은 매우 중요해요. 우리가 살아가는 데 꼭 필요한 돈을 벌 수 있으니까요. 그렇다면 무조건 돈을 많이 버는 직업이 좋은 직업일까요? 꼭 그렇지만은 않아요. 사람은 하루 중 대부분의 시간을 일하며 보내기 때문에 적성을 고려하지 않고 직업을 선택하면 평생 만족하지 못하며 살 수도 있거든요.

그래서 자기 적성과 능력에 걸맞은 직업을 찾는 게 무엇보다 중요해요. 하고 싶은 일을 마음껏 하면서 돈을 번다면 정말 행복할 테니까요. 그러기 위해서는 우리 일상 곳곳에 어떤 직업이 있는지, 그 직업에 종사하면 구체적으로 어떤 일을 하는지를 제대로 알아야 해요.

『그래서 이런 직업이 생겼대요』는 어린이들에게 다양한 직업의 세계를 소개하기 위해 만든 책이에요. 의사, 경찰, 선생님처럼 우리에게 익숙한 직업을 비롯해 인공지능 전문가, 동물 매개 치료사처럼 사회가 변하면서 새로 생겨난 직업까지 폭넓게 다루고 있지요. 단순히 각 직업이 하는 일을 소개하는 데서 그치지 않고, 그 직업이 왜 생겨났으며 왜 필요한지를 함께 설명하기 때문에 사회적 역할과 필요성까지 알 수 있답니다. 평소 선망하지 않는 직업이더라도 사회에 꼭 필요한 일이라는 점을 깨달음으로써 올바른 직업관과 가치관도 키울 수 있지요. 더불어 그 직업에 필요한 자질과 능력을 상세히 설명하고, 세부 직업의 종류나 비슷한 직업군까지 함께 알려 준답니다.

이 책을 통해 각 직업이 어떤 일을 하는지 살펴보고, 그 일이 내 적성에 맞는지 곰곰이 생각해 보세요. 직업은 미래의 삶을 결정하는 아주 중요한 선택이니까요.

자, 그럼 지금부터 나의 미래의 직업을 찾아 함께 떠나 볼까요?

-우리누리

차례

들어가며 2

1장 과학·기술·정보

로봇을 개발하고 설계하는 **로봇 엔지니어** 10
스스로 생각하는 기계를 개발하는 **인공지능 전문가** 12
프로그램을 설계하는 컴퓨터 언어 전문가 **컴퓨터 프로그래머** 14
컴퓨터를 안전하게 지켜 주는 **컴퓨터 보안 전문가** 16
우주를 탐험하는 **우주 비행사** 18
하늘을 나는 비행기를 조종하는 **항공기 조종사** 20
배를 타고 바다를 누비는 **선박 항해사** 22
빅데이터를 분석해 미래를 예측하는 **빅데이터 전문가** 24
인터넷상에서 개인 정보를 지워 주는 **디지털 장의사** 26
날씨를 미리 알려 주는 **일기 예보관** 28
인류의 미래를 내다보는 **미래학자** 30
도서관에서 책을 체계적으로 관리하고 빌려주는 **사서** 32

2장 의료·교육·복지

병을 치료하고 생명을 구하는 **의사** 36
의학 지식과 봉사 정신으로 환자를 돌보는 **간호사** 38
심리 문제를 치유해 마음의 건강을 찾아 주는 **심리 상담사** 40
전통 의학으로 병을 고치는 **한의사** 42
생명과 생명을 이어 주는 **장기 구득 코디네이터** 44
동물을 통해 환자를 치료하는 **동물 매개 치료사** 46

아이들의 기초 교육을 돕는 **초등학교 교사** 48
학문을 탐구하고 인재를 길러 내는 **대학교수** 50
어려운 이웃을 돕는 **사회 복지사** 52
어려움에 빠진 사람들을 돕기 위해 세계 어디든 가는 **국제 구호 활동가** 54

 행정·법률·환경

권한과 책임으로 나라를 다스리는 **대통령** 58
국민의 이익을 위해 일해야 하는 국민 대표 **국회 의원** 60
나라를 대표해 다른 나라와 협상하는 **외교관** 62
위급한 곳이면 어디든 출동하는 **소방관** 64
사회 질서를 지키고 국민을 보호하는 **경찰관** 66
범죄 심리를 분석해 범인을 찾는 **프로파일러** 68
우리가 있는 한 완전 범죄는 없다 **과학 수사관** 70
법을 어긴 사람을 법정에 세우는 **검사** 72
법에 따라 사람들을 보호하는 **변호사** 74
회의 등에서 나온 발언을 속기 부호로 받아 적는 **속기사** 76
주변 환경을 깨끗하게 해 주는 **환경미화원** 78
도시를 디자인하고 변화시키는 **도시 계획가** 80
편리하고 아름다운 공간을 창조하는 **건축가** 82
개발 사업에서 자연환경을 보호하는 **환경 영향 평가사** 84

 생산·기업·경제

식량을 생산하는 중요한 직업 **농부** 88

회사의 최고 경영자 **CEO** 90
편리하고 멋진 제품 디자인을 개발하는 **제품 디자이너** 92
사람들에게 사랑받는 캐릭터를 창조하는 **캐릭터 디자이너** 94
반짝이는 아이디어로 제품을 널리 알리는 **광고 기획자** 96
고객의 돈을 맡아 책임지고 관리하는 **은행원** 98
유망한 사업을 발굴해 투자를 돕는 **펀드 매니저** 100

5장 · 문화 · 예술 · 스포츠

온라인 공간에 만화를 연재하는 **웹툰 작가** 104
노래와 춤으로 세계를 사로잡는 **케이팝 아티스트** 106
온라인 게임을 전문으로 하는 **프로 게이머** 108
조화롭고 아름다운 연주를 이끌어 내는 **지휘자** 110
자기만의 예술 세계를 그림으로 표현하는 **화가** 112
카메라로 세상을 바라보는 **사진작가** 114
옷으로 개성과 아름다움을 표현하는 **패션 디자이너** 116
천 개의 얼굴로 다양한 인생을 연기하는 **배우** 118
영화 제작 과정을 총지휘하는 **영화감독** 120
음악에 맞춰 우아한 연기를 펼치는 **발레리나** 122
한계에 도전하고 정정당당히 승부를 가리는 **운동선수** 124

6장 방송·언론·출판

미디어 콘텐츠를 만들어 유튜브에 올리는 **유튜버** 128
세상에 소식을 전하고 여론을 만드는 **기자** 130
방송 프로그램을 매끄럽게 진행하는 **아나운서** 132
방송 프로그램 제작을 지휘하는 **방송 연출가(PD)** 134
다른 언어를 쓰는 사람들 간의 소통을 돕는 **통역사** 136
글로 사람의 마음을 움직이는 **작가** 138
기획에서 출간까지 책 만들기를 총괄하는 **출판물 편집자** 140

7장 서비스

비행기 승객에게 서비스를 제공하는 **항공기 승무원** 144
고인의 마지막 길을 돕는 **장례 지도사** 146
땅이나 집을 사고파는 일을 도와주는 **공인 중개사** 148
사람들의 입맛을 사로잡는 요리 전문가 **요리사** 150
헤어스타일을 멋지게 가꿔 주는 **미용사** 152
동물을 보살펴 주는 **사육사** 154
알맞은 운동 방법을 알려 주는 **헬스 트레이너** 156
탐방객들에게 자연환경을 소개하는 **자연환경 해설사** 158

직업의 변천과 미래 유망 직업 160
찾아보기 162

일러두기

- 이 책에 나오는 직업 이름은 한국고용정보원이 운영하는 공식 사이트 고용24(www.work24.go.kr), 한국직업능력연구원이 운영하는 공식 사이트 커리어넷(www.career.go.kr), 국립국어원 표준국어대사전 등을 참고해 표기했어요.

1장 과학·기술·정보

로봇을 개발하고 설계하는
로봇 엔지니어

기웃기웃 직업 체험관

로봇 엔지니어의 종류가 궁금해!

로봇 설계 엔지니어: 로봇의 구조와 기능을 설계하는 일을 한다.
로봇 시스템 개발자: 로봇 제어 시스템을 개발하며, 소프트웨어와 하드웨어의 통합을 담당한다.
로봇 연구원: 신기술을 개발하고 로봇 공학의 새로운 운용 분야를 연구한다.

한 남자가 식탁 앞에 서 있는 인공지능 로봇에게 물었어요.

"지금 뭐가 보이니?"

로봇이 대답했어요.

"식탁 중앙에 놓인 접시 위에 사과가 있고, 그 옆에는 컵이 있습니다. 그리고 당신은 식탁에 손을 얹고 있습니다."

"그중에 내가 먹을 만한 게 있니?"

그러자 로봇이 사과를 건네줬어요. 사과를 달라고 직접 명령하지 않았지만, 로봇은 식탁 위에 있는 물체 가운데 사과가 유일하게 먹을 수 있는 음식이라는 사실을 이해한 것이죠.

이어서 남자가 물었어요.

"접시와 컵은 어디로 가야 할 것 같니?"

"식기 건조대에 넣어야 할 듯합니다."

"그것들을 옮길 수 있겠니?"

로봇은 접시와 컵을 식기 건조대에 가지런히 정리했어요.

이 로봇은 바로 2023년에 공개된 '피규어 01'이에요. '피규어 01'은 사람의 명령을 이해할 뿐만 아니라, 사람에게 도움이 되는 게 무언지 스스로 생각할 줄 아는 로봇이에요.

<u>로봇을 설계하고 개발하는 사람을 로봇 엔지니어라고 해요. 요즘에는 로봇이 원자력 발전소, 농업, 광업 등의 산업 현장뿐만 아니라 서비스업이나 가정에서도 흔히 쓰이기 때문에 로봇 엔지니어의 전망은 매우 밝답니다.</u> 로봇 엔지니어가 되려면 기계 공학이나 전기 공학 분야를 잘 알아야 하며 프로그래밍 능력이 뛰어나야 합니다. 또한 성격이 꼼꼼해야 하며 문제 해결력과 창의력도 갖추어야 하지요.

스스로 생각하는 기계를 개발하는
인공지능 전문가

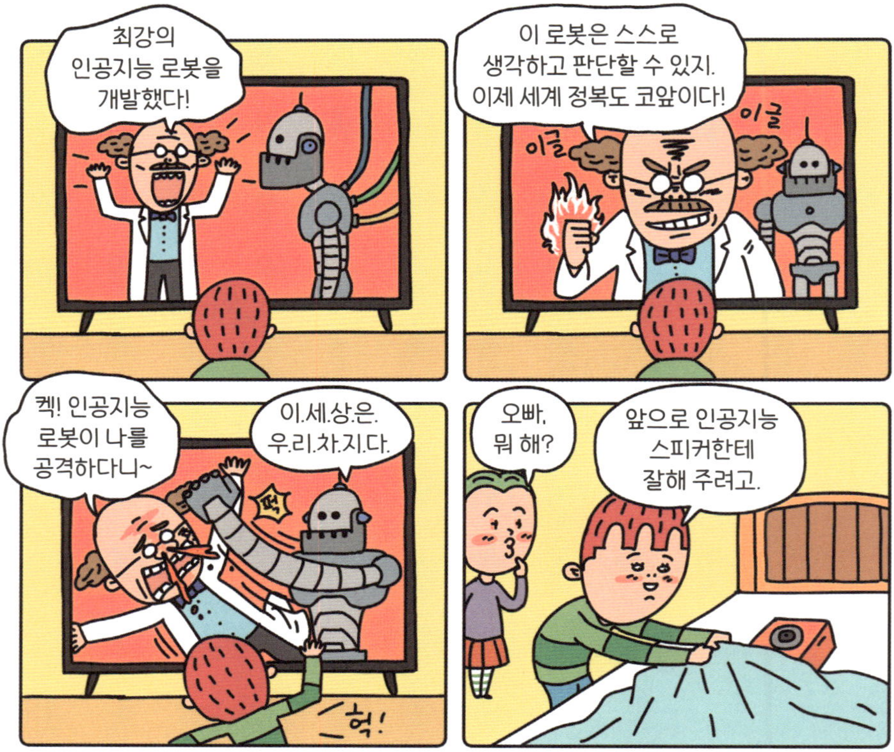

기웃기웃 직업 체험관

나는 인공지능 전문가가 될 수 있을까?

☐ 나는 수학과 과학을 좋아한다. ☐ 나는 창의력이 뛰어난 편이다.
☐ 나는 논리적으로 사고하는 편이다. ☐ 나는 기계에 관심이 많다.

 적성에 잘 맞는군요! 가능성이 있어요! 0~1개 노력해 봐요!

2016년, 온 세상 사람들이 깜짝 놀란 세기의 대결이 벌어졌어요. 바로 바둑 세계 챔피언이었던 우리나라 이세돌 기사와 구글이 개발한 인공지능 '알파고'의 바둑 대결이었지요.

사람들은 대부분 인공지능이 패배하리라고 예상했어요.

"바둑은 경기 규칙이 아주 복잡하기로 유명한데, 인공지능이 어떻게 인간을 이기겠어?"

"그래, 맞아. 당연히 이세돌 기사가 이기겠지."

그런데 결과는 충격적이었어요. 모두 다섯 번을 대결했는데, 그중 네 번의 대결에서 알파고가 이세돌 기사를 이겼지 뭐예요.

"알파고가 이세돌 기사를 이기다니! 인공지능 기술이 이렇게 발달했단 말이야?"

알파고의 승리는 인공지능 기술의 진보를 실감하게 하는 순간이었으며, 과학 기술의 발달에 큰 전환점을 마련해 주었답니다.

이런 인공지능은 바로 인공지능 전문가가 만들어요. 인공지능 전문가는 인간만의 고유한 특징을 이해하고, 이를 바탕으로 컴퓨터와 로봇 등이 인간처럼 생각하고 결정을 내리게 하는 기술을 개발해요. 인공지능 전문가가 되려면 컴퓨터 공학을 비롯해 언어학, 철학 등 여러 분야의 지식과 기술을 익혀야 해요.

프로그램을 설계하는 컴퓨터 언어 전문가
컴퓨터 프로그래머

기웃기웃 직업 체험관

프로그래머의 종류가 궁금해!

모바일 프로그래머: 스마트폰 같은 모바일 기기에서 쓰는 프로그램을 개발한다.
웹 프로그래머: 컴퓨터 언어를 사용해 인터넷 홈페이지 만드는 일을 한다.
게임 프로그래머: 컴퓨터나 모바일 기기에서 실행되는 게임 프로그램을 개발한다.

세계적으로 손꼽히는 부자 빌 게이츠는 어린 시절 학교에서 컴퓨터를 처음 보고 매력을 느꼈어요.

"선생님, 컴퓨터는 어떻게 뭐든 척척 잘할 수 있죠?"

"빌, 컴퓨터는 자동 만능 기계가 아니야. 컴퓨터 프로그래밍으로 짜 준 일만 할 수 있단다."

"컴퓨터 프로그래밍이요?"

"컴퓨터 프로그래밍은 기계가 알아들을 수 있는 기계 언어로 프로그램을 만드는 걸 뜻해. 컴퓨터는 그 프로그램이 정해 준 대로 일할 뿐이지. 그런 프로그램을 만드는 사람을 컴퓨터 프로그래머라고 한단다."

그날부터 빌 게이츠는 프로그래밍에 푹 빠져들었어요. 성인이 되어서는 컴퓨터 프로그래머가 되었고, 훗날 마이크로소프트라는 회사를 만들어 컴퓨터 운영 체제인 윈도 프로그램을 개발했어요.

컴퓨터 프로그래머는 컴퓨터가 가정에 보급되기 시작한 1980년대부터 주목받았어요. 최근에는 컴퓨터 사용 인구가 폭발적으로 늘면서 컴퓨터 프로그래머의 역할이 아주 커졌지요.

컴퓨터 프로그래머가 되려면 컴퓨터 언어와 컴퓨터의 작동 원리를 잘 알아야 해요. 컴퓨터 프로그래머는 여러 프로그램을 분석하고 수없이 많은 시험을 거쳐 새로운 프로그램을 완성해요. 이 과정이 몹시 복잡하기 때문에 치밀함과 끈기가 있어야 하고, 절차에 따라 결과를 계산해 내는 논리력이 필요하답니다.

컴퓨터를 안전하게 지켜 주는
컴퓨터 보안 전문가

기웃기웃 직업 체험관

컴퓨터 보안 전문가가 갖춰야 할 자질

① 해킹 방법을 체계적으로 분석하는 논리력이 있어야 한다.
② IT 기술과 보안 장비 기술에 관한 지식이 풍부해야 한다.
③ 기업의 담당자나 임원들을 설득하여 정보 보호 정책을 실행해야 하므로 커뮤니케이션 능력이 뛰어나야 한다.

1963년에 미국에서 태어난 컴퓨터 천재 케빈 미트닉은 유령 해커로 유명했어요.

"요즘 여러 회사의 서버를 해킹하는 사람이 있는데 정체를 도통 알 수가 없대."

"나도 들었어. 그래서 '사이버 공간의 유령'이라고 한다며?"

그러나 1995년, 미트닉은 체포되어 감옥 생활을 했어요. 5년 뒤에 감옥에서 나온 미트닉은 전혀 다른 사람이 되어 있었어요.

"그동안 저는 나쁜 짓을 많이 저질렀습니다. 그러나 이제부터는 컴퓨터 해커를 막는 컴퓨터 보안 전문가가 되겠습니다."

몇 년 뒤, 미트닉은 '미트닉 시큐리티 컨설팅'이라는 컴퓨터 보안 회사를 차려 해킹으로 고통받는 사람들을 도와주었어요. 전설의 해커가 해커를 막는 컴퓨터 보안 전문가로 변신한 거예요.

인터넷이 널리 사용되면서 해커의 공격이나 바이러스 때문에 컴퓨터 시스템이 손상되는 일이 점점 많아졌어요. 그러자 해커의 공격을 막고 바이러스를 치료하는 컴퓨터 보안 전문가라는 직업이 생겨났지요.

컴퓨터 보안 전문가는 여러 보안 시스템을 활용해 해커의 침입을 막고 컴퓨터가 바이러스에 감염되지 않게 보호하는 일을 해요. 컴퓨터에서 바이러스를 찾아내 손상된 시스템을 복구하는 일도 하지요. 정부 기관과 금융 기관에서 인터넷 사이트를 지키는 역할을 하거나 사이버 수사대 등에서도 크게 활약하고 있어요.

우주를 탐험하는
우주 비행사

기웃기웃 직업 체험관

우주 비행사의 종류가 궁금해!

우주선 조종사: 우주선을 조종한다. 제트기를 천 시간 넘게 조종한 경력이 있어야 한다.
우주선 엔지니어: 우주선을 정비하고 시스템이 제대로 작동하는지 점검한다.
우주 실험 전문가: 우주 공간에서 특별한 실험을 하는 연구원. 주로 연구소 출신의 과학 연구원으로 구성된다.

1957년, 소련(러시아의 옛 이름)이 라이카라는 개를 태워 인공위성 스푸트니크 2호를 발사하자 미국 사람들은 깜짝 놀랐어요.

"끙! 인간이 직접 우주로 갈 날도 멀지 않았군."

"최초의 우주 비행사는 우리 미국에서 나와야 할 텐데……."

그 무렵 미국과 소련은 여러 분야에서 라이벌 관계였어요. 특히 우주 개발은 두 나라의 자존심이 걸린 문제였지요. 소련의 성과에 자극을 받은 미국은 우주 개발에 더욱 박차를 가했어요.

하지만 최초의 우주 비행사 또한 소련에서 나왔어요. 소련의 유리 가가린은 1961년에 인류 최초로 우주 비행에 성공하여 전 세계 사람들의 영웅이 됐어요.

그러자 자존심이 상한 미국은 우주 개발에 모든 것을 쏟아부었지요. 그리하여 1969년에 드디어 닐 암스트롱을 비롯한 우주 비행사를 달로 보낼 수 있었어요. 그 뒤로 여러 우주 왕복선이 개발되면서 우주 비행사 또한 여럿 배출되었습니다.

우주 비행사는 우주선을 타고 우주로 나가 달이나 행성을 탐사하고, 우주 공간에서 여러 실험을 하는 사람이에요. 우주 비행사가 되려면 우선 몸이 튼튼해야 해요. 우주 공간에서는 기압 변화를 견뎌야 하기 때문에 몸에 꿰맨 상처가 크게 있어도 안 돼요. 그리고 무엇보다 우주에 관한 전문 지식을 갖추는 게 가장 중요해요. 이런 조건을 충족하면 비로소 국가 우주 기관에서 훈련을 받아 우주 비행사가 될 수 있답니다.

하늘을 나는 비행기를 조종하는
항공기 조종사

기웃기웃 직업 체험관

항공기 조종사의 종류가 궁금해!

여객기 조종사: 승객을 태운 여객기를 조종한다.
전투기 조종사: 군대 소속으로, 전투기를 조종한다.
자가용 비행기 조종사: 자기 소유의 자가용 비행기만 조종할 수 있다. 돈을 받고 승객을 태우거나 화물을 싣고 운행할 수 없다.

1903년 12월 17일, 전 세계 사람들은 화들짝 놀랐어요.

"세상에! 미국의 라이트 형제가 플라이어호라는 비행기를 만들어 비행에 성공했대. 무려 12초 동안 36미터나 날았다더군!"

"뭐, 정말? 그것참 엄청난 사건이네."

"미국에 뒤처질 순 없어. 우리도 비행기를 만들어야 해!"

이 소식을 듣고 러시아, 이탈리아, 프랑스 등 당시 강대국들은 앞다투어 비행기를 만들기 시작했어요.

그러던 중 1914년에 제1차 세계 대전이 일어나자 비행기가 훨씬 더 많이 필요해졌어요. 그러자 세계 여러 나라가 비행기 개발에 힘을 쏟으면서 점점 더 성능 좋은 비행기가 만들어졌고, 많은 사람을 태울 수 있는 항공기도 개발되었어요. 이런 과정에서 자연스레 '항공기 조종사'라는 직업이 생겨났답니다.

항공기 조종사는 사람이나 화물을 운반하는 항공기를 조종할 뿐만 아니라 비행 중에 일어나는 모든 일을 책임져요. 그래서 비행을 시작하기 전에 부기장, 승무원들과 함께 회의를 하며 철저하게 비행을 준비해요.

항공기 조종사는 승객들의 생명을 책임지기 때문에 책임감이 강하고 판단력과 결단력이 뛰어나야 해요. 반드시 전문적인 공부를 하고 오랜 실습과 훈련을 거쳐야만 항공기 조종사가 될 수 있어요.

배를 타고 바다를 누비는
선박 항해사

기웃기웃 직업 체험관

선박 항해사의 종류가 궁금해!

선장 : 배의 모든 업무를 총괄하는 사람으로, 권한과 책임이 가장 크다.
일등 항해사 : 선장을 도와 배를 관리하며 갑판 부원을 지휘하고 감독한다.
이등 항해사 : 항로 계획을 짜고 주로 기계나 장비 등을 관리한다.
삼등 항해사 : 배의 안전 장비 등을 관리하며, 일등 항해사와 이등 항해사의 일을 돕는다.

중세 유럽인들은 향신료를 아주 좋아했어요. 그런데 향신료는 매우 비싸고 귀한 식재료였어요.

"향신료를 저렴하게 구할 방법이 없을까?"

"인도라는 나라에 가면 향신료가 지천으로 널려 있다는데, 인도로 가는 항로가 없으니 고민이군……."

인도에 가면 향신료를 잔뜩 구할 수 있다는 소문이 돌자 포르투갈에 사는 바스쿠 다가마라는 사람이 신항로 개척에 최초로 뛰어들었어요. 이때 선박 항해사인 바르톨로메우 디아스가 다가마에게 큰 도움을 주었어요.

"대서양 바다 가운데를 가로질러 가면 안전하고 빠르게 목적지에 닿을 겁니다."

선박 항해사 디아스 덕분에 바스쿠 다가마 일행은 안전하게 인도에 도착할 수 있었어요. 이 소식이 알려지자 유럽의 여러 나라들도 뒤처질세라 아시아로 향했는데, 이때부터 선박 항해사라는 직업이 인기를 끌었답니다.

선박 항해사는 승객이나 화물을 실은 선박을 몰며 선박에 탄 사람들의 안전과 질서까지 책임지는 직업이에요. 선박 항해사가 되려면 무엇보다 몸이 건강해야 하고, 안전한 항해를 위해 전문적인 선박 조종 능력을 갖추어야 해요. 그리고 한 번 바다로 나가면 가족과 오랫동안 떨어져 지내기 때문에 외로움을 견딜 수 있는 강인한 마음이 필요합니다.

빅데이터를 분석해 미래를 예측하는
빅데이터 전문가

기웃기웃 직업 체험관

빅데이터 전문가가 갖춰야 할 자질

① 통계에 대한 이해력이 높아야 한다.
② 창의력이 있어야 한다.
③ 탐구하는 것을 즐기고 꼼꼼해야 한다.
④ 세계 각국의 최신 경향이나 빅데이터와 관련한 내용에 관심이 많아야 한다.

2016년 미국 대통령 선거 때 일이에요. 당시 대통령 후보는 민주당의 힐러리와 공화당의 트럼프였는데, 두 후보자를 놓고 많은 여론 조사 기관들이 당선 결과를 예측했어요.
　"이번 선거에서 힐러리 후보가 당선될 확률은 91퍼센트입니다."
　여론 조사 기관들에서는 대부분 비슷한 결과를 내놓았어요.
　그러나 빅데이터 전문가들의 예상은 달랐어요.
　"여러 SNS와 검색 사이트의 데이터를 조사해 보면 검색량에서 트럼프가 힐러리를 꾸준히 앞서고 있는 것으로 나타났습니다. 또한 후보자들과 관련된 검색어를 분석해 보면 트럼프가 대통령에 당선될 확률이 더 높습니다."
　사람들은 빅데이터 전문가보다는 여론 조사 기관의 예측을 믿는 편이었어요. 그동안 여론 조사 기관의 예측이 틀린 적이 거의 없었기 때문이에요.
　그런데 결과는 놀라웠어요. 트럼프가 대통령으로 당선되었지 뭐예요. 빅데이터 전문가들의 예상이 맞아떨어진 것이죠.
　빅데이터 전문가는 엄청난 양의 빅데이터를 분석해 사람들의 행동이나 시장의 변화 등을 예측하는 직업이에요. 요즘에는 금융, 서비스, 의료, 제조업 등 다양한 분야에서 빅데이터 전문가들이 활동하고 있어요. 빅데이터 전문가가 되려면 대학에서 통계학, 컴퓨터 공학, 산업 공학 등을 전공하는 것이 좋아요.

인터넷상에서 개인 정보를 지워 주는
디지털 장의사

기웃기웃 직업 체험관

디지털 장의사가 갖춰야 할 자질
① 디지털 정보를 관리하기 때문에 인터넷을 능숙하게 활용할 줄 알아야 한다.
② 여러 SNS 사용법을 잘 알아야 한다.
③ IT 관련 학과를 전공하거나 프로그래밍 능력이 있으면 유리하다.
④ 성격이 꼼꼼하고 치밀해야 한다.

얼마 전, 연우 씨의 남동생이 병으로 갑작스레 세상을 떠났어요. 남동생의 장례를 치른 뒤에 연우 씨는 어느 디지털 장의사 사무실을 찾아갔어요.

"제 남동생이 인터넷에 남긴 게시물과 사진을 모두 삭제해 주세요. 남동생이 그런 유언을 남겼고, 저도 남동생의 기록들이 인터넷에 떠도는 걸 원하지 않습니다."

의뢰를 받은 디지털 장의사는 고인의 이메일과 게시 글을 삭제하기 위해 여러 포털 사이트에 관련 서류를 제출했어요. 또 개인 SNS에 담긴 사진과 인터넷 저장 공간에 올려놓은 업무 자료까지 모두 찾아서 삭제했지요.

작업이 다 끝나자 연우 씨는 감사의 말을 전했어요.

"고맙습니다. 이제 제 동생도 편히 쉴 수 있을 거예요."

한번 인터넷에 올라간 글이나 사진은 쉽게 사라지지 않고 개인 정보 유출 문제로 이어질 때가 있어요. 그래서 디지털 장의사라는 직업이 생겨났어요.

디지털 장의사는 인터넷에 떠도는 게시 글을 비롯해 사진이나 개인 정보를 대신 지워 주는 일을 해요. 예전에는 주로 갑작스레 세상을 떠난 이들을 위해 온라인상의 기록을 지워 주었지만, 요즘에는 악성 리뷰를 삭제하거나 불법 촬영 영상물로 고통받는 피해자들을 위해 자료를 지우는 일도 한답니다.

날씨를 미리 알려 주는
일기예보관

기웃기웃 직업 체험관

일기 예보관과 관련된 직업

기상 연구원 : 시시각각 바뀌는 기상 현상을 분석하고, 날씨의 변화를 연구한다.
기상 캐스터 : 기상청에서 제공하는 기상 데이터를 바탕으로 날씨 예보를 분석해 이를 시청자들에게 전달한다.

1854년, 프랑스가 러시아와 전쟁을 벌일 때 이야기예요. 프랑스 왕 나폴레옹 3세는 병사들에게 명령을 내렸어요.

"흑해를 건너 러시아에 기습적으로 쳐들어가면 승리할 수 있을 것이다. 당장 배를 타고 흑해를 건너라!"

그런데 계획이 뜻대로 되지 않았어요. 바로 날씨 때문이었어요.

"우리 군함들이 흑해를 건너다 폭풍을 만나 침몰했다고 합니다."

그러자 나폴레옹 3세는 파리 천문대 대장에게 전갈을 보냈어요.

"폭풍이 언제 오는지 조사해서 우리 군에게 알리시오."

명령을 받은 파리 천문대 대장은 유럽 곳곳의 기상 자료를 모아 일기도를 만들고 날씨를 연구했어요. 일기도는 어떤 지역의 날씨를 한눈에 알 수 있도록 기상 상태를 지도 위에 기호로 나타낸 그림이에요. 이 일기도 덕분에 폭풍의 진로를 미리 알 수 있었지요.

그 뒤로 프랑스는 기상 관측소를 세우고 매일매일 일기도를 만들었어요. 날씨의 변화를 예측하게 되자 프랑스군은 전쟁에 유리해져 승리를 거듭했어요. 이때부터 유럽의 다른 나라들도 날씨의 중요성을 깨닫고 기상 관측소를 세웠지요. 그러면서 일기 예보관이라는 직업이 생겨났어요.

일기 예보관은 기후에 관한 지식을 바탕으로 기상 관측 자료를 활용해서 날씨를 예측하여 알리는 일을 해요. 일기 예보관이 만든 예보를 각 방송국으로 전달하면 기상 캐스터가 시청자들이 이해하기 쉽게 날씨 정보를 전해 준답니다.

인류의 미래를 내다보는
미래학자

기웃기웃 직업 체험관

나는 미래학자가 될 수 있을까?

- ☐ 나는 과학, 기술, 역사, 사회 등 다방면에 관심이 많다.
- ☐ 나는 호기심이 많은 편이다.
- ☐ 나는 개방적이고 유연하게 사고하는 편이다.
- ☐ 나는 관찰력과 분석력이 좋은 편이다.

4개 적성에 잘 맞는군요! **2~3개** 가능성이 있어요! **0~1개** 노력해 봐요!

1980년에 미국 학자 앨빈 토플러가 『제3의 물결』이라는 책에서 놀라운 이야기를 했어요.

"앞으로 몇십 년 뒤에는 '정보화 사회'로 바뀔 겁니다!"

"정보화 사회가 뭔가요?"

"전자 기기를 이용해 정보를 주고받는 사회입니다. 그런 사회가 되면 집 안에서도 수많은 정보를 접할 수 있을 겁니다."

1980년대는 휴대폰도, 컴퓨터도, 인터넷도 널리 보급되지 않은 시절이었어요. 그러나 토플러는 세상이 앞으로 어떻게 변할지 정확하게 예측해 냈지요.

이렇게 미래 사회를 예측하는 사람을 미래학자라고 해요. 1940년대에 미래를 연구하는 학문인 '미래학'이 처음 생기면서 미래학자라는 직업이 등장했어요. 미래학자는 역사, 과학, 기술, 환경 등 다양한 분야에 질문을 던지고 답을 구하며 미래 사회를 연구해요.

"인류의 과학 기술은 어떤 방향으로 발전해 나갈까?"

"환경 변화는 인간의 삶을 어떻게 바꿔 놓을까?"

<u>미래학자는 앞날을 마음대로 상상하는 것이 아니라 폭넓은 지식과 뛰어난 통찰력을 토대로 앞으로 벌어질 일을 예측할 수 있어야 해요.</u> 그럼으로써 사람들이 미래의 변화에 대비할 수 있게 도와주지요. 우리는 이런 미래학자들 덕분에 앞날을 예견하며 다가올 사회 변화에 대비할 수 있답니다.

도서관에서 책을 체계적으로 관리하고 빌려주는
사서

기웃기웃 직업 체험관

사서가 갖춰야 할 자질
① 도서관을 이용하는 사람들과 편안하게 소통하는 능력이 필요하다.
② 다양한 활동 프로그램을 만드는 데 관심이 있어야 한다.
③ 일을 꼼꼼하게 처리하는 능력이 있어야 한다.
④ 책을 좋아해야 한다.

기원전 288년 어느 날, 고대 이집트의 왕 프톨레마이오스 1세가 명령을 내렸어요.

"지구상에 있는 모든 책을 수집하여 보관하도록 하라."

신하들은 왕의 명령에 따라 책을 모으기 시작했어요. 이렇게 모은 책이 무려 70만 권이나 되었고, 이 책들은 알렉산드리아 도서관에 보관했어요.

그런데 너무 많은 책을 보관하다 보니 문제가 하나 있었어요.

"오늘은 스핑크스 신화와 관련된 책을 읽고 싶구나."

왕이 명령하면 신하들은 책을 찾기 위해 70만 권이나 되는 책을 뒤져야 했어요. 당연히 엄청난 시간이 걸렸지요.

그래서 책을 종류별로 나누고 찾기 쉽게 정리할 사람을 정했는데, 이 일을 처음 한 사람이 바로 칼리마코스예요. 칼리마코스는 알렉산드리아 도서관의 사서가 되어 책을 분야별로 나누고, 도서관에 있는 책을 소개하는 책까지 만들었답니다.

사서는 국·공립 도서관, 사설 도서관, 학교 도서관에 소속되어 책을 수집·관리하고 이용자들에게 빌려주는 일을 해요. 도서관 이용자들을 위해 좋은 책을 추천하기도 하지요. 또한 책과 관련된 문화 행사를 기획하는 일도 해요.

2장
의료·교육·복지

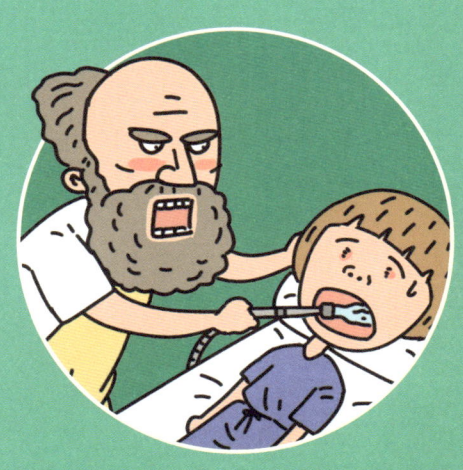

병을 치료하고 생명을 구하는
의사

기웃기웃 직업 체험관

의사의 종류가 궁금해!

정신 건강 의학과 의사: 지나친 스트레스로 마음이 아프거나 정신 장애를 앓는 사람들을 치료한다.
산부인과 의사: 임신, 출산, 여성의 생식기 질환을 다룬다.
흉부외과 의사: 심장, 폐, 식도 등의 질환을 진단하고 치료한다.

※그 밖에 소아과 의사, 치과 의사, 내과 의사, 정형외과 의사 등이 있다.

고대 그리스인들은 질병을 신이 내린 벌이라고 여겼어요. 그래서 몸이 아프면 그리스 신화에 나오는 의술의 신 '아스클레피오스'의 신전을 찾아가 기도를 올렸어요.

"수탉을 바치오니 부디 제게 내려진 벌을 거두어 주십시오."

그러다 기원전 5세기에 히포크라테스라는 사람이 나타나면서부터 질병을 바라보는 시각이 바뀌었어요. 히포크라테스는 병은 신이 내린 벌이 아니라고 주장했어요.

"병은 우리 몸의 조화가 깨질 때 생깁니다. 증상을 관찰해 진단을 내리고 적절한 치료를 하면 건강을 되찾을 수 있습니다!"

히포크라테스는 환자의 상태를 꼼꼼히 관찰한 뒤에 병을 치료했어요. 또한 병의 원인을 알아내기 위해 환자의 직업, 가족 관계, 생활 환경까지 조사했지요. 그 덕분에 질병의 치료뿐 아니라 예방도 가능해졌어요.

이처럼 히포크라테스는 병을 합리적이고 과학적인 방법으로 진단하고 치료한 최초의 의사로, '의학의 아버지'라고 불려요. 그래서 현대 의사들은 그의 정신을 받들어 환자를 잘 돌보겠다는 뜻에서 의과 대학을 졸업할 때 '히포크라테스 선서'를 해요.

의사는 병을 치료하고 위독한 생명을 구하는 직업이에요. 의사가 되려면 사람의 생명을 소중히 여기는 마음을 지녀야 하고, 의학 지식을 부지런히 익혀야 해요. 뿐만 아니라 의과 대학에서 공부를 마친 뒤에도 인턴, 레지던트 과정을 거치면서 환자들을 실제로 대하며 경험을 충분히 쌓아야 한답니다.

의학 지식과 봉사 정신으로 환자를 돌보는
간호사

기웃기웃 직업 체험관

간호사의 종류가 궁금해!

수술실 간호사: 수술 기기를 정리하고 수술에 필요한 물품을 준비한다.
응급실 간호사: 응급실에서 일하며 위급한 환자에게 응급 처치를 한다.
마취 전문 간호사: 마취 장비를 관리하고 환자에게 마취를 시행한다.

유럽에서 크림 전쟁(1853년에 흑해로 진출하려던 러시아가 프랑스, 영국, 튀르키예, 사르디니아 공국 연합군과 벌인 전쟁)이 일어나자 영국의 간호사 나이팅게일은 자원하여 전쟁터에 나갔어요. 부상병을 치료하는 야전 병원으로 간 나이팅게일은 지저분한 병원을 보고 깜짝 놀랐어요.

"비위생적인 환경 때문에 병사들 상태가 더 나빠지고 있어."

나이팅게일은 병원 환경을 개선하기 위해 애썼어요.

"환자의 침대와 옷은 깨끗이 빨고, 붕대와 베개는 새로 만듭시다. 한 번 사용한 주삿바늘은 절대 다시 사용해선 안 되고, 간호사들은 번갈아 근무하며 24시간 동안 환자들을 돌봐야 합니다."

나이팅게일이 간호를 시작한 뒤로 목숨을 잃는 부상병이 눈에 띄게 줄었어요. 환자를 제대로 돌보는 일이 치료만큼이나 중요하다는 것을 보여 주는 증거였지요. 이때부터 간호사의 역할이 매우 중요하다는 인식이 널리 퍼졌답니다.

이전에도 간호사가 있긴 했지만 그때는 의사의 심부름꾼 위치에 머물러 있었어요. 나이팅게일 덕분에 지금과 같은 전문적인 간호사가 생길 수 있었던 거예요.

간호사는 환자의 상태를 수시로 확인하고, 의사가 내린 처방에 따라 여러 조치를 취해요. 또 수술실에서는 수술이 원활히 이루어지게끔 의사를 돕는 등 환자를 위해 많은 일을 하지요.

간호사는 병원뿐 아니라 보건소, 요양 시설, 학교, 산업체 등 다양한 곳에서 일해요. 간호사는 생명을 소중히 여기는 마음과 희생정신, 봉사 정신이 필요한 직업이에요.

심리 문제를 치유해 마음의 건강을 찾아 주는
심리 상담사

기웃기웃 직업 체험관

심리 상담사와 관련된 직업

학교 상담 교사: 학교에서 학생들의 교우 관계 문제, 이성 문제 등 학교생활 전반에 걸친 문제를 상담해 준다.

산업 카운슬러: 직장 생활과 관련된 문제를 상담해 주는 일을 한다. 근로자가 전문적인 도움을 받을 수 있도록 정신과 의사에게 연결해 준다.

요즘 형식이는 밤에 잠을 제대로 못 자고 친구들과도 어울리지 못해 학교생활에 어려움을 겪고 있어요. 그래서 어머니는 형식이를 데리고 심리 상담 센터를 찾았어요.

"어서 와요. 마음에 담고 있는 얘기를 해 보세요."

형식이는 심리 상담사에게 어떤 점이 힘든지 털어놓았어요.

"작년에 아버지가 돌아가신 뒤로 밤마다 저승사자가 보여서 잠을 깊이 잘 수가 없어요."

심리 상담사에게 서너 차례 상담을 받은 뒤로 형식이는 차츰 표정이 밝아졌어요. 그러자 심리 상담사가 새로운 제안을 했어요.

"이 의자에 형식 군을 괴롭히는 그 저승사자가 앉아 있다고 생각하고, 하고 싶은 말을 한번 해 보세요."

"넌 왜 밤마다 나를 괴롭히는 거야?"

형식이는 그동안 마음속에 쌓여 있던 말을 다 쏟아 냈어요. 이런 과정을 거치면서 형식이는 저승사자가 자신의 상상이 만들어 낸 가짜라는 사실을 깨달을 수 있었지요. 그 후, 형식이는 불면증과 우울증에서 벗어나 정상적인 생활을 하게 되었답니다.

심리 상담사는 심리적인 문제를 상담을 통해 치료하는 직업으로, 사람의 마음과 행동에 관해 잘 알아야 해요. 오늘날에는 사회가 점점 복잡해지고 각박해지면서 우울증에 시달리는 사람들이 늘어나 심리 상담사가 주목받고 있지요. 심리 상담사는 실험, 관찰, 뇌 촬영 등 다양한 방법으로 인간의 심리를 연구하고 사람의 마음을 치료하는 방법을 모색해요. 치료 방법으로는 대화 요법, 음악 치료, 미술 치료 등 여러 가지가 있어요.

전통 의학으로 병을 고치는
한의사

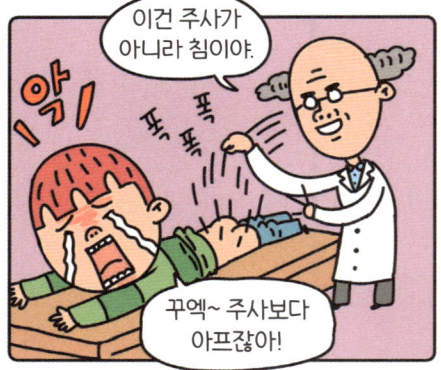

기웃기웃 직업 체험관

한의사와 관련된 직업

한방 간호사: 한의학 지식을 바탕으로 환자를 간호한다. 대학에서 간호학을 전공하고 간호사 면허를 따야 한다.

사상 의학 연구원: 사람의 체질을 특성에 따라 네 가지 유형으로 나누고, 그에 맞춰 병을 치유하는 방법을 연구한다.

한약재 품질 규격 연구원: 한약재의 품질과 규격을 연구한다. 한약의 효능과 안전성을 높이기 위해 많은 연구를 한다.

1596년 무렵, 조선에서는 전쟁과 전염병으로 수많은 백성들이 목숨을 잃었어요. 그러나 가난한 백성들은 중국에서 들여오는 비싼 약재를 살 수 없어 병에 걸려도 제대로 된 치료를 받기 힘들었지요.
　그러자 당시 조선의 왕 선조가 어의 허준을 불렀어요.
　"우리 땅에서 나는 약재로 백성들의 병을 치료할 방법을 찾도록 하라. 그리고 그 치료법을 책으로 엮어 많은 사람들에게 전하여라."
　"알겠습니다, 전하!"
　왕의 명을 받은 허준은 중국과 우리나라의 수많은 의학 서적을 두루 연구하고 자신의 경험을 토대로 책을 썼는데, 그 책이 바로 『동의보감』이에요. 『동의보감』에는 각각의 병과 그 증상, 치료법뿐 아니라 병에 걸렸을 때 먹으면 좋은 음식과 피해야 할 음식까지 자세히 적혀 있어요. 1610년에 완성된 『동의보감』은 동양에서 가장 뛰어난 의학 서적으로 평가되며, 지금도 널리 읽히는 한의학 기본서랍니다.
　한의학이란 우리나라에 서양 의학이 들어오면서 두 의학 체계를 구분하기 위해 생겨난 말이에요. 한의사는 우리 전통 의학인 한의학을 바탕으로 환자의 병을 치료해요. 인간의 몸을 종합적으로 이해하고, 기의 흐름을 관찰하여 몸 전체가 서로 균형을 이루게 함으로써 건강 상태를 개선하는 처방을 내리지요. 손목에 있는 '맥'을 짚어 환자의 상태를 진단하고 우리 몸의 '혈'에 침을 놓거나 한약재를 처방하는 것이 대표적인 치료 방법이에요.

생명과 생명을 이어 주는
장기 구득 코디네이터

기웃기웃 직업 체험관

장기 구득 코디네이터와 관련된 직업

장기 이식 코디네이터 : 장기 구득 코디네이터가 기증자 관련 업무를 담당한다면, 장기 이식 코디네이터는 수혜자 관련 업무를 담당한다. 수혜자에게 이식에 관한 정보를 제공하고, 이식 수술이 끝나면 재활 과정을 돕는다.

장기 구득 코디네이터 영경 씨는 뇌사 환자가 발생했다는 연락을 받고 곧장 병원으로 향했어요.

"처음 뵙겠습니다. 저는 장기 구득 코디네이터 송영경입니다. 어려운 일인 줄 알지만, 수많은 장기 이식 대기자들을 위해 환자분의 장기를 기증해 주실 수 있을까요?"

영경 씨는 보호자에게 조심스레 장기 기증에 관해 설명했어요. 보호자는 오랜 고민 끝에 장기를 기증하기로 결심했어요.

"우리 딸을 다시는 보지 못한다고 생각하니 가슴이 미어져요. 그래서 다른 사람들은 이런 고통을 겪지 않았으면 하는 마음에 장기를 기증하려고 합니다……."

보호자의 승인이 떨어지자 영경 씨는 바로 장기 이식을 준비했어요. 장기를 이식받을 수혜자를 찾고 여러 검사를 했지요.

며칠 뒤, 장기 적출 수술이 이루어졌어요. 영경 씨는 수술을 마친 장기 기증자를 단장해 주었어요. 기증자가 평소 좋아하던 옷을 입혀 주고 머리카락을 정리했지요. 모든 과정이 끝나자 영경 씨는 보호자에게 진심 어린 감사 인사를 전했어요.

"따님 덕분에 다섯 생명을 구할 수 있었습니다."

장기 구득 코디네이터는 장기 기증에 관한 모든 절차를 관리하고 조정하는 직업이에요. 환자나 보호자에게 장기 이식을 자세히 안내하고, 적출한 장기를 안전하게 이송하는 일을 하지요. 장기 구득 코디네이터는 한 사람의 생명을 다른 사람에게 전하는 역할을 하기 때문에 책임감과 사명감이 강해야 해요.

동물을 통해 환자를 치료하는
동물 매개 치료사

기웃기웃 직업 체험관

나는 동물 매개 치료사가 될 수 있을까?

☐ 나는 동물을 좋아한다.　　☐ 나는 아픈 사람을 돕는 일을 하고 싶다.
☐ 나는 동물을 잘 훈련하는 편이다.　　☐ 나는 의학에 관심이 있다.

4개 적성에 잘 맞는군요!　**2~3개** 가능성이 있어요!　**0~1개** 노력해 봐요!

어느 포근한 봄, 암 환자들이 경마 공원을 방문하자 한 여성이 반갑게 맞이했어요.

"안녕하세요! 저는 오늘 여러분을 위해 호스 테라피 프로그램을 진행할 동물 매개 치료사 권소영이라고 합니다."

'호스 테라피(Horse Therapy)'는 말을 매개로 하는 치료 프로그램이에요. 말과 정서적 교감을 나눔으로써 환자의 신체적 고통이나 정신적 고통을 치유하는 방법이지요.

소영 씨는 환자들에게 말 두 마리를 소개했어요.

"이 말들은 둘 다 사람을 좋아하고 성격이 온순해요. 오늘은 이 두 친구에게 먹이도 주고 함께 산책도 할 거예요."

참가자들은 말들에게 먹이를 주며 친해지는 시간을 보냈어요. 서로 익숙해진 뒤에는 같이 산책도 했지요.

"병원에 있을 때는 늘 아프고 무기력하기만 했는데, 이렇게 말이랑 함께 시간을 보내니 아픔이 싹 사라진 듯해요. 오랜만에 즐거운 시간을 보냈습니다. 감사합니다. 치료사님."

암 환자들은 소영 씨에게 고마운 마음을 전했어요.

이처럼 동물을 매개로 환자의 정신적 고통이나 신체적 고통을 치료하는 사람을 '동물 매개 치료사'라고 해요. 치료에는 말, 강아지, 토끼, 햄스터처럼 성격이 온순한 동물을 주로 이용하지요. 동물 매개 치료사는 이런 동물들을 훈련하여 복지관이나 심리 센터 등에서 일하며, 동물은 물론 사람에 대한 이해도가 높아야 해요.

아이들의 기초 교육을 돕는
초등학교 교사

기웃기웃 직업 체험관

초등학교 교사가 갖춰야 할 자질

① 각 과목에 관한 지식과 그 지식을 전달하는 능력이 있어야 한다.
② 교육자로서 사명감, 책임감, 도덕성이 요구된다.
③ 어떤 상황에서도 침착함을 잃지 않는 태도가 필요하다.
④ 학생들을 이해와 사랑으로 대해야 한다.

유럽에서는 중세까지만 해도 어린이를 돌봐야 할 존재라기보다 '작은 어른'으로 여겼어요. 그래서 대다수 어린이들이 정식 교육을 받지 못하고 힘든 노동을 해야 했어요. 교육은 주로 귀족이나 상류층 남자아이들이 받았고, 이들은 가정교사를 두거나 교회나 수도원에서 종교 중심의 교육을 받았어요. 그러다 18세기에 영국에서 산업 혁명이 일어나면서 사람들은 교육의 필요성을 느꼈어요.

"기계를 잘 다루려면 아이들도 글을 읽을 줄 알고 산술 능력이 있어야 할 텐데."

"그러게. 하루 종일 공장에서 일하는 부모들 대신 아이들에게 필요한 지식을 가르쳐 주는 곳이 있으면 얼마나 좋을까?"

이런 요구가 커지자 학교가 하나둘 생겨났고, 이에 따라 어린이를 전문적으로 가르치는 교사라는 직업이 필요해졌답니다.

학교는 어린이에게 지식을 가르치는 것은 물론, 사회적 규범과 역할을 익히고 배우게끔 적극적으로 돕는 기관이에요. 초등학교 교사는 부모만큼이나 가까이에서 어린이의 발달을 돕는 사람이지요. 수업뿐 아니라 생활 지도를 하고, 학부모와 협력해 학교와 가정에서 교육이 조화롭게 이루어지도록 노력해요.

초등학생 시절은 신체적·정신적 발달의 기초가 다져지는 시기예요. 따라서 초등학교 교사는 어린이들 한 명 한 명을 세심하게 이해하고 돌보아야 해요. 그렇기 때문에 어린이를 누구보다 잘 이해하고 어린이 눈높이에서 생각할 수 있어야 하며, 높은 사명감과 도덕성이 필요하지요.

학문을 탐구하고 인재를 길러 내는
대학교수

기웃기웃 직업 체험관

대학교수의 종류가 궁금해!

전임 교수: 대학에 완전히 소속된 정식 교원(학교에서 학생을 가르치는 사람)으로, 정년이 보장된다.

초빙 교수: 교육과 연구 활동을 위해 외부에서 초청된 교수로, 계약에 따라 대학에서 일정 기간 동안 학생들을 가르친다.

겸임 교수: 국가 기관이나 연구 기관, 산업체 등 다른 직장에 다니면서 대학에서 학생들을 가르친다.

"지식은 행복으로 가는 안내자이며 역경에 놓였을 때 힘을 준다."

"지식을 추구하는 것이 모든 무슬림(이슬람교도)의 의무이다."

이 두 문장은 『하디스』라는 책에 실린 내용이에요. 『하디스』는 이슬람교를 창시한 예언자 무함마드의 언행을 기록한 책이랍니다.

무슬림은 알라신이 세상을 만든 이유를 알려면 열심히 공부해야 한다는 신념을 바탕으로 사원에서 학생들을 가르쳤어요. 처음에는 종교학을 가르치다가 법학, 역사학, 아랍학 등 다양한 분야로 넓혀 갔지요. 그러다가 학생들을 체계적으로 가르치고자 하는 사람들이 모여 전문 교육 기관을 만들었어요.

"지금처럼 사원에서 학생들을 가르치는 것보다 전문 교육 기관에서 가르치면 더 효과적일 겁니다."

이렇게 해서 970년경 이집트의 카이로에 알아즈하르 종합 대학이 세워졌어요. 이곳에서는 당대 최고의 학자들이 학생들을 가르쳤는데, 이들이 바로 대학교수의 시초라고 할 수 있답니다.

대학교수는 한 분야의 전문적인 지식을 갖추고 대학교나 대학원에서 학생들을 가르쳐요. 수업 외에는 자신이 전공하는 학문을 더욱 깊이 연구하고, 그 성과를 책이나 논문, 세미나 등을 통해 발표하지요. 교수는 전문 분야를 평생 동안 깊이 있게 연구해야 하므로 학문을 좋아하고 끈기와 인내심이 있어야 해요.

어려운 이웃을 돕는
사회 복지사

기웃기웃 직업 체험관

사회 복지사의 종류가 궁금해!

아동 사회 복지사: 아동 복지 시설이나 지역 아동 센터에서 일한다. 소외 계층 아동을 위해 다양한 복지 프로그램을 제공한다.
노인 사회 복지사: 여러 노인 복지 시설에서 노인들을 돌보는 일을 한다.
정신 건강 사회 복지사: 정신과 병원이나 정신 보건 시설에서 정신 질환 환자들의 치료와 사회 복귀 과정을 돕는다.

어느 날, 사회 복지사인 명희 씨는 경찰의 전화를 받았어요.

"알코올 중독자인 엄마한테 학대받는 아이가 있어요. 현장 조사를 부탁드립니다."

명희 씨는 당장 그 아이의 집을 찾았어요. 아이는 자기가 겪고 있는 어려움을 털어놓았어요.

"아빠는 돌아가셨고 엄마와 둘이 사는데, 엄마가 술만 마시면 자꾸 저를 때려요……."

명희 씨는 이런저런 사정을 살핀 끝에 아이의 어머니가 알코올 중독 치료를 받을 동안 아이를 보호 시설에 맡기는 게 좋겠다고 판단했어요. 명희 씨는 치료를 거부하는 어머니를 끈질기게 설득했어요.

"어머니 자신을 위해서도 알코올 중독은 꼭 치료해야 합니다."

그리하여 어머니는 치료 센터에 입원하게 됐어요. 아이는 마음의 상처를 치유하기 위해 여러 가지 심리 치료를 받았어요. 치료가 끝나 어머니와 아이가 다시 함께 살게 된 후에도 명희 씨는 두 사람의 생활을 꾸준히 보살폈지요.

사회 복지사는 어려운 이웃을 돕기 위해 형편을 살피고 대책을 마련하는 일을 해요. 생활비, 의료비, 교육비 등 기초적인 생활비가 없는 사람들이 국가 보조금을 받을 수 있게 돕고, 장애인이나 몸이 불편한 노인들에게는 도우미를 소개해 주지요. 사회 복지사는 보살핌이 필요한 사람들의 처지를 헤아리고 상대방을 배려하는 따뜻한 마음씨가 있어야 할 수 있는 일이랍니다.

어려움에 빠진 사람들을 돕기 위해 세계 어디든 가는
국제 구호 활동가

기웃기웃 직업 체험관

나는 국제 구호 활동가가 될 수 있을까?

- ☐ 나는 환경, 빈곤, 전쟁 등 국제 사회 문제에 관심이 많다.
- ☐ 나는 공익을 위해 일하고 싶다.
- ☐ 나는 다양한 사람들과 함께 일하는 것에 흥미가 있다.
- ☐ 나는 외국어 공부를 좋아하는 편이다.

4개 적성에 잘 맞는군요! **2~3개** 가능성이 있어요! **0~1개** 노력해 봐요!

정훈 씨는 국제 구호 단체에서 일하는 활동가예요. 몇 년 전부터는 아프리카 콩고의 난민 수용소에서 일하고 있지요.

오늘은 새로 온 활동가들에게 난민 수용소에서 해야 할 일을 설명해 주어야 해요.

"찰스 씨는 물을 배급해 주세요. 난민 한 명당 하루에 물 2리터를 배급하시면 됩니다."

"다나카 씨는 건축 일을 하셨으니 천막을 치고 임시 수용소를 만들어 주세요."

"왕밍 씨는 의사이니 아이들의 몸 상태를 검사해 주세요."

1939년, 제2차 세계 대전이 일어나 세계 곳곳이 폐허가 되자 유엔(UN, 국제 연합)이 전쟁 난민을 도우려고 발 벗고 나섰어요. 하지만 유엔의 힘만으로는 수많은 난민을 모두 도울 수 없었지요. 그러자 세계 여러 나라에서 많은 국제 구호 단체가 생겨나 구호 활동을 펼쳤고, 그러면서 국제 구호 활동가라는 직업도 생겨났답니다.

국제 구호 활동가는 테러나 전쟁 등으로 목숨이 위태로운 사람들, 굶주림에 시달리는 사람들, 자연재해를 당한 사람들 등 자립이 어려운 사람들을 구호하고 보살펴요. 국제 구호 활동가가 되려면 외국어 실력을 갖추어야 해요. 또한 의료, 정보 기술, 아동 복지 등 다른 사람을 돕는 데 도움이 되는 전문 분야가 있어야 한답니다.

3장
행정·법률·환경

권한과 책임으로 나라를 다스리는
대통령

기웃기웃 직업 체험관

대통령과 관련된 직업

수석 비서관: 대통령 비서실 소속으로 대통령을 도와 일을 처리하며, 각 분야별로 수석 비서관이 있다. 흔히 경제 분야 비서관은 '경제 수석 비서관', 홍보 분야 비서관은 '홍보 수석 비서관' 등으로 불린다.

국무총리: 대통령의 명을 받아 각 행정 부서를 관리한다. 대통령 자리가 비거나 사고가 생기면 대통령의 권한을 대행한다.

국무 위원: 대통령을 보좌하고 대통령과 함께 국가의 주요 정책을 심사하는 일을 한다. 선거로 뽑는 국회 의원과 달리 대통령이 임명한다. 교육부 장관, 외교부 장관, 국방부 장관 등이 있다.

먼 옛날에는 대통령이 아니라 왕이 나라를 다스렸어요. 그러나 현대에는 많은 국가가 대통령이 나라를 다스리는 대통령제를 채택하고 있는데, 첫 대통령은 바로 미국에서 나왔어요.

　옛날에 미국 땅은 영국의 식민지였어요. 그런데 식민지 생활을 하던 사람들은 영국 정부에 불만이 많았어요.

　"영국은 우리를 차별하고 세금을 너무 많이 걷어 가. 더는 참을 수 없어. 맞서 싸워야 해!"

　"맞아! 영국에서 독립하고 새로운 나라를 세우자!"

　그리하여 1775년, 미국의 독립군은 영국에 맞서 싸웠어요. 당시 독립군 총사령관이었던 조지 워싱턴은 뛰어난 지도력을 발휘해 전쟁을 승리로 이끌었지요. 1783년에 드디어 독립에 성공한 독립군은 이제 나라를 다스릴 사람을 정하기로 했어요.

　"투표로 우리 나라를 대표할 사람을 뽑읍시다!"

　이렇게 해서 세계 최초의 대통령제 국가인 미국이 생겨났어요. 초대 대통령으로 뽑힌 조지 워싱턴은 임기 동안 대통령 직을 훌륭하게 수행했어요. 미국의 대통령제가 큰 성공을 거두자, 세계 여러 나라가 대통령제를 받아들였답니다. 우리나라도 대통령제를 채택했고요.

　대통령은 나라의 최고 권력자이자 대표이며, 행정부와 군대를 통솔해요. 권력이 막강한 만큼 남다른 책임감과 사명감이 있어야 하지요. 또한 최고 정치 지도자로서 대화와 타협을 바탕으로 최선의 해결책을 찾아내는 리더십을 갖추어야 합니다.

국민의 이익을 위해 일해야 하는 국민 대표
국회 의원

기웃기웃 직업 체험관

국회 의원이 갖춰야 할 자질
① 나라와 국민을 위해 헌신하는 마음이 있어야 한다.
② 정치, 경제, 사회, 법에 관한 지식이 해박해야 한다.
③ 리더십이 뛰어나고 책임감이 강해야 한다.

1789년, 프랑스 왕 루이 16세는 고민이 있었어요.

"끙, 나랏돈이 부족한데 귀족과 성직자에게서도 세금을 걷을까?"

당시 프랑스는 성직자, 귀족, 평민으로 신분이 나뉘어 있었는데, 성직자와 귀족은 세금을 내지 않고 평민들만 냈답니다. 그런데 돈이 필요했던 루이 16세가 성직자와 귀족한테서도 세금을 걷으려 하자 그들은 거세게 반발했어요.

"평민들이 세금을 더 내야지 왜 우리가 냅니까?"

성직자와 귀족들의 이런 태도에 평민들은 몹시 화가 났어요.

"지금보다 세금을 더 내면 우리 평민들은 다 굶어 죽고 말 거다. 성직자와 귀족들도 세금을 내라!"

그러자 루이 16세는 의견 차를 좁히기 위해 귀족과 성직자, 평민 대표를 불러 모아 회의를 열었어요. 이때 평민 대표로 회의에 참석한 사람들이 바로 최초의 국회 의원이라고 할 수 있어요.

국회 의원은 국민의 뜻을 대표하는 사람이에요. 국회에서 법을 만들고, 국가가 한 해 동안 쓸 예산을 심사해서 결정하고, 그 예산을 국가가 제대로 잘 썼는지 확인하는 등의 일을 하지요. 또 정부가 법에 따라 나라를 잘 다스리는지 살피고, 대통령이 자기 마음대로 나라를 운영하지 못하게 견제하는 역할도 해요. 이렇듯 국회 의원은 국민을 대신해 나라의 중요한 일을 처리해야 하므로 무엇보다 국가와 국민에게 헌신할 수 있어야 해요.

나라를 대표해 다른 나라와 협상하는
외교관

기웃기웃 직업 체험관

외교관의 종류가 궁금해!

- **대사**: 나라를 대표해서 주재국(외교관이 머무르는 나라)에 파견되는 외교관으로, 외교관 중에서 직급이 가장 높다.
- **공사**: 대사에 버금가는 외교 사절로, 외교 관계가 밀접하지 않은 나라에 대사 대신 파견되는 경우가 많다.
- **영사**: 외국에서 자국민을 보호하고 자국의 무역 이익 증대 등을 위해 일한다.

어느 날, 조선의 왕 세종이 통신사 이예를 불렀어요. 통신사는 조선에서 일본으로 보내던 사신으로, 조선 시대의 외교관이라고 할 수 있어요.

세종은 이예에게 부탁을 했어요.

"일본에 포로로 잡혀 있는 우리 백성들을 데려와야 하는데, 그대가 좀 나서 주지 않겠소?"

"전하, 소신의 나이가 벌써 칠십이옵니다. 그런 일은 젊은 대신들에게 맡기시는 편이 좋지 않겠습니까?"

"그대만큼 외교에 능한 사람이 또 어디 있단 말이오. 그 일은 일본으로 수도 없이 건너가 외교를 성공적으로 이끌어 낸 그대만이 할 수 있소."

세종의 말에 이예는 결국 고개를 끄덕였어요.

얼마 뒤, 이예는 일본에 가서 뛰어난 외국어 실력과 협상 능력을 발휘해 포로들을 무사히 구했답니다.

외교관은 나라와 나라 사이의 교류가 활발해지면서 생긴 직업이에요. 외교관은 자기 나라를 대표하여 다른 나라와 협상을 하고, 외국에 살고 있는 교포나 여행 중인 자국민을 보호하는 일을 해요. 또 해외에 자국을 홍보하는 일도 하지요. 외교관은 여러 나라를 두루 돌아다니기 때문에 외국어 실력이 뛰어나야 하며, 자신이 속한 나라는 물론 각 나라의 정치, 역사, 경제 등에 관해 폭넓은 지식과 교양을 갖추어야 해요.

위급한 곳이면 어디든 출동하는
소방관

기웃기웃 직업 체험관

소방관의 종류가 궁금해!
화재 진압 대원: 화재 현장에 출동하여 화재를 진압하고 사람들을 구한다.
구조 대원: 화재, 교통사고 등 각종 사고 현장에서 다친 사람들을 구한다.
구급 대원: 다친 사람을 응급 처치 하고 병원으로 이송한다.

1426년, 세종은 안타까운 소식을 전해 들었어요.

"전하, 근처 마을에 큰불이 나 수많은 집이 불타고, 많은 백성이 목숨을 잃었다고 합니다."

"뭣이라? 당장 그곳에 가 봐야겠다!"

세종은 까맣게 탄 마을을 보며 신하들에게 명령했어요.

"다시는 이런 일이 없도록 집과 집 사이에 불을 막는 담을 쌓고, 마을 곳곳에 우물을 파서 항상 물을 저장해 두거라."

또한 세종은 화재를 예방하고 진압하는 관청인 금화도감을 세우라고 명령했어요. 이때 세워진 금화도감이 바로 우리나라 최초의 소방서예요. 오늘날의 소방관 역할을 하던 군인은 '금화군'이라고 했지요. 소방관은 이처럼 역사 깊은 직업이랍니다.

소방관은 불이 났을 때 신속히 현장으로 출동해 불을 꺼요. 도시 곳곳에 설치된 소방 시설을 점검하며 화재를 예방하는 일도 하지요. 또 재난 현장에도 가장 먼저 가서 사람들의 안전을 지켜 줘요. 요즘에는 응급 환자의 이송을 돕거나 벌집을 제거하는 등 활동의 폭이 더욱 넓어졌어요.

소방관이 되려면 화재 진압 방법과 더불어 의료 지식을 잘 알아야 해요. 그리고 무엇보다 봉사 정신, 침착함, 강인한 체력 등이 뒷받침되어야 한답니다.

사회 질서를 지키고 국민을 보호하는
경찰관

기웃기웃 직업 체험관

경찰관의 종류가 궁금해!

- **수사 경찰**: 사건이 생기면 수사를 통해 범인을 찾는 일을 한다.
- **교통 경찰**: 도로에서 발생하는 위험을 예방하기 위해 교통을 정리하는 일을 담당한다.
- **해양 경찰**: 바다에서 일어나는 사건을 조사하고 해결한다.
- **사이버 수사 요원**: 해킹 범죄, 피싱 범죄 등 여러 사이버 범죄를 수사한다.

1698년경, 프랑스는 도둑들이 극성을 부리는 탓에 골머리를 앓았어요. 참다못한 왕이 명을 내렸어요.

"여봐라! 왕실 군대인 근위대를 동원해서라도 도둑들을 모조리 잡아들여라."

이 명령에 근위대 병사들은 자존심이 상했어요.

"왕을 지키는 우리가 왜 그까짓 도둑 잡는 일을 해야 해? 난 이런 일에 힘 뺄 생각 없으니 대충 하겠어."

그러자 왕은 특별한 조치를 취했어요.

"근위대 일부를 파리 경찰관으로 임명하겠다. 파리 경찰관은 파리 시민의 안전과 생명을 지키는 일을 담당할 것이다."

이렇게 하여 파리에 세계 최초로 경찰서가 세워지면서 경찰관이라는 직업이 탄생했답니다.

우리나라에서는 경찰을 일컬어 '민중의 지팡이'라고 해요. 사람들의 일상생활을 지켜 주고 힘들 때 버팀목이 되어 준다는 뜻이지요. 이처럼 경찰관은 사회 질서를 바로잡고 범죄자들에게서 국민을 보호하는 일을 해요. 또 비행 청소년 선도, 불법 업소 단속, 교통정리 등 헤아리기 어려울 만큼 다양한 일을 하지요. 그래서 봉사 정신과 사명감이 없으면 하기 힘든 직업이에요.

범죄 심리를 분석해 범인을 찾는
프로파일러

기웃기웃 직업 체험관

프로파일러가 갖춰야 할 자질

① 논리적인 사고를 바탕으로 단서를 통해 용의자를 파악할 수 있어야 한다.
② 용의자를 심문하여 자백을 받아 내야 하기 때문에 다른 사람의 말을 잘 이해할 수 있는 언어 능력이 필요하다.
③ 사건의 경위를 과학적으로 분석할 줄 알아야 한다.
④ 범죄자의 심리를 읽어 내려면 다른 사람의 감정을 잘 헤아리는 공감 능력이 필요하다.

1970년대 후반, 흉악한 범죄가 급증하자 에프비아이(FBI, 미국 연방 수사국)는 범죄 행동 분석에 능한 앤 버지스라는 여성에게 도움을 요청했어요.

버지스는 사람들이 흉악한 범죄를 저지르는 이유를 조사했어요. 수많은 범죄자들의 면담 녹음 파일을 분석한 뒤, 그들의 심리와 행동을 체계적으로 정리해 에프비아이에 제출했지요.

"이 노트에는 여러 범죄자들의 심리 분석 결과가 들어 있습니다. 그 내용을 활용하면 용의자의 성격과 행동 유형을 파악할 수 있고, 범인이 누구인지 밝혀내는 데 도움이 될 겁니다."

처음에 에프비아이는 버지스의 말을 믿지 않았어요. 그러나 버지스는 범죄 현장에서 찾은 단서를 바탕으로 용의자의 심리를 분석해 수많은 범죄를 해결해 나갔어요. 그 뒤 버지스의 이런 수사 방법을 '프로파일링'이라 부르고, 프로파일링을 하는 수사관을 '프로파일러'라고 일컬었답니다.

프로파일러는 범죄 현장에 남겨진 단서를 토대로 범인의 성격과 행동 유형을 분석해 범행 동기와 숨겨진 의도 등을 밝혀내고, 수사 방향을 설정하는 데 도움을 주는 일을 해요. 용의자가 범행을 저지르지 않았다고 오리발을 내밀 때는 심리적인 전략을 구사하여 용의자의 자백을 받아 내기도 하지요. 따라서 프로파일러가 되려면 심리학과 통계학 등을 잘 알아야 하며, 논리력과 관찰력이 뛰어나야 한답니다.

우리가 있는 한 완전 범죄는 없다
과학 수사관

기웃기웃 직업 체험관

과학 수사관이 갖춰야 할 자질

① 뛰어난 관찰력과 추리력으로 단서를 찾을 수 있어야 한다.
② 상황을 논리적으로 판단할 줄 알아야 한다.
③ 위험하고 잔인한 범죄 현장도 두려움 없이 조사할 수 있어야 한다.
④ 전기, 화학, 물리 등 과학 수사와 관련된 학문을 전공하면 유리하다.

살인 사건 현장에 도착한 과학 수사관들은 현장을 훼손하지 않기 위해 일회용 작업복을 입고, 일회용 장갑과 마스크를 착용했어요.

낙엽으로 덮여 있는 사체 근처까지 가자 코를 찌르는 악취가 풍겼어요.

"경감님, 시신이 온통 애벌레로 뒤덮여 있습니다!"

수사관은 핀셋으로 얼른 애벌레를 집어 들어 알코올을 채운 유리병에 넣었어요.

"이건 검정파리 애벌레군. 본부로 돌아가서 이 애벌레를 조사하면 정확한 사망 시각을 알아낼 수 있을 거야. 사건 현장에 남아 있는 미세 증거물도 놓치지 말고 채취해서 증거물 봉투에 담도록!"

미세 증거물이란 아주 작아서 눈에 잘 보이지 않는 증거물로, 결정적인 단서를 품고 있을 때가 많아요.

본부로 돌아온 과학 수사관들은 수집해 온 여러 증거물을 꼼꼼히 조사했어요. 그리고 며칠 뒤, 범인의 DNA를 발견해 범인을 잡을 수 있었답니다.

과학 수사관은 사건 현장에 남아 있는 증거물을 과학적으로 분석해 사건 해결의 실마리를 찾는 역할을 해요. 그래서 여러 과학 분야에 관한 전문 지식이 있어야 하고, 심리학, 사회학, 법학 등도 두루 알아야 하지요.

법을 어긴 사람을 법정에 세우는
검사

기웃기웃 직업 체험관

검사와 관련된 직업

법무사: 법원이나 검찰청에 제출할 서류를 의뢰인 대신 작성해 준다.
판사: 법정에서 법률에 근거해 판결하는 일을 한다. 법과 양심에 따라 공정한 판결을 내려야 한다.
검찰 수사관: 검사를 보조하고, 검찰 행정에 관련된 사무를 처리한다.

1972년, 미국은 대통령 선거를 앞두고 열기가 뜨거웠어요. 당시 대통령 닉슨은 또다시 선거에 출마하여 맥거번 후보와 경쟁했어요.
　그러던 어느 날, 큰 사건이 벌어졌어요.
　"누가 맥거번 후보 선거 본부에 도청 장치를 설치했대! 경쟁자인 닉슨 대통령의 짓 아닐까?"
　이런 소문이 돌자 닉슨은 결백을 주장했어요. 그리고 그를 믿어 준 많은 사람들 덕분에 대통령에 당선되었지요. 그러나 당선되고 나서도 도청 소문을 둘러싼 잡음이 계속 이어지자, 닉슨은 1973년에 특별 검사를 직접 임명했어요.
　"아치볼드 콕스 특별 검사, 이 사건의 배후를 조사해 주세요."
　콕스 검사는 사건을 열심히 조사했어요. 그런데 자신을 임명한 닉슨이 도청 사건에 관련되어 있다는 증거를 확보했지 뭐예요.
　이 사실을 안 닉슨은 콕스 검사의 입을 막으려고 했어요. 그러나 콕스 검사는 굽히지 않았고, 마침내 닉슨은 이 일로 대통령 자리에서 물러나야 했답니다.
　검사는 사건을 조사하여 옳고 그름을 판단한 뒤, 적절한 처벌을 요구하는 일을 해요. 사건을 맡은 검사는 상황을 빈틈없이 조사하고 증거를 모아 재판에서 피고인의 범죄 사실을 증명하지요. 그러기 위해 검사는 피고인이 범죄에 사용한 무기나 현장 증거 등을 제시하고, 증인을 불러 사건에 관한 증언을 듣기도 해요.
　검사는 법률 지식을 많이 알아야 하며 법과 정의를 지킬 수 있는 사람이어야 해요. 또 뛰어난 의사소통 능력과 논리적인 사고력이 필요하지요.

법에 따라 사람들을 보호하는
변호사

기웃기웃 직업 체험관

나는 변호사가 될 수 있을까?

- ☐ 나는 문제가 생기면 논리적으로 분석하는 편이다.
- ☐ 나는 어려움에 놓인 사람을 도와주곤 한다.
- ☐ 나는 생각과 의견을 논리 정연하게 표현할 수 있다.
- ☐ 나는 기억력이 좋고 법률 지식에 관심이 많은 편이다.

4개 적성에 잘 맞는군요! **2~3개** 가능성이 있어요! **0~1개** 노력해 봐요!

변호사의 역사는 고대 로마 시대로까지 거슬러 올라가요.

기원전 70년, 대제국 로마는 식민지마다 총독을 두고 다스렸어요. 그중 시칠리아를 다스린 총독은 베레스였는데, 주민들은 베레스에게 불만이 아주 많았어요.

"베레스 총독은 우리를 착취하는 무자비한 폭군이야."

"맞아! 베레스를 법정에 세워야 해."

여론이 계속 들끓자 로마 정부는 마침내 총독 베레스를 법정에 세웠어요. 이때 베레스 쪽 변호를 맡은 사람은 최고의 변론가로 알려진 호르텐시우스였고 주민들 쪽 변론가는 키케로였지요. 고대 로마에서 변론가는 법정에서 의뢰인을 변호하는 사람으로, 오늘날의 변호사와 비슷한 역할을 했어요.

시칠리아 주민들은 이 소식을 듣고 걱정했어요.

"호르텐시우스는 법정에서 한 번도 진 적이 없다는데, 그쪽이 이기면 어떡하지?"

그런데 막상 재판이 시작되자 키케로가 멋진 변론으로 베레스의 죄를 증명한 끝에 극적으로 승리를 이끌어 냈어요. 이 사건으로 사람들은 변론가의 역할이 얼마나 중요한지 새삼 깨달았답니다.

<u>변호사는 사람들이 법적인 문제로 어려움을 겪을 때 도움을 주는 사람이에요. 예를 들면 결백한 사람이 누명을 쓰지 않게 도와주거나, 죄에 견주어 너무 무거운 처벌을 받지 않게 변호해 주지요.</u> 억울한 일을 당했거나 법적인 보호가 필요한 개인 또는 단체를 대신해 소송을 해서 이들의 권리를 지켜 주기도 해요.

회의 등에서 나온 발언을 속기 부호로 받아 적는
속기사

기웃기웃 직업 체험관

속기사의 종류가 궁금해!

자막 방송 속기사: 청각 장애인을 위해 실시간으로 방송 자막 쓰는 일을 한다.
법원 속기사: 법정에서 판사, 변호사, 검사, 피고인, 증인 등의 발언을 기록한다.
국회 속기사: 국회에서 열리는 모든 회의와 토론을 기록한다.

1966년 어느 날, 국회에서 황당한 사건이 벌어졌어요. 김두한 의원이 국무 위원들에게 화를 내고 있을 때였어요.

"잘못을 저지른 재벌을 정치인들이 눈감아 주려고 하다니! 이는 절대 용서할 수 없는 행위입니다."

김두한 의원은 몰래 가져온, 똥이 가득 들어 있는 통을 국무 위원들에게 던졌어요.

"에잇, 똥이나 먹어라!"

똥물이 국무 위원들의 머리 위로 쏟아지고, 국회 안은 그야말로 난장판이 되었지요.

이때 회의 내용을 적고 있던 속기사들의 머리 위로도 똥물이 쏟아졌지만, 속기사들은 아랑곳 않고 국회 의원과 국무 위원들이 주고받는 말을 전부 받아 적었다고 해요. 이 이야기는 지금도 속기사들 사이에 전설처럼 내려오는 일화랍니다.

속기사는 회의, 재판정, 좌담회 등에서 사람들이 말한 내용을 받아 적는 일을 해요. 속기사는 발언 내용을 빠르고 정확하게 기록해야 하기 때문에 일반 문자 대신 속기 부호를 사용해요. 또 속기용 키보드로 약자를 입력하면 컴퓨터가 자동으로 단어를 완성해 주는 컴퓨터 속기를 이용하기도 하고요. 많은 내용을 빠르게 기록하려면 이처럼 특별한 기술을 활용해야 하기 때문에 속기사가 되려면 반드시 전문 기술을 습득해야 해요. 또한 빠른 타자 실력과 집중력이 필요하며, 언어를 이해하는 능력이 뛰어나야 합니다.

주변 환경을 깨끗하게 해 주는
환경미화원

기웃기웃 직업 체험관

환경미화원이 갖춰야 할 자질

① 작업 환경이 열악하고 힘을 많이 써야 하기 때문에 몸이 튼튼해야 한다.
② 환경을 깨끗하게 가꾸고 유지하는 데 관심이 있어야 한다.
③ 다른 사람을 위해 일하는 직업이기 때문에 봉사 정신이 필요하다.

13세기, 프랑스 왕 루이 9세는 파리의 골목을 걷다가 누가 창밖으로 던진 오물을 뒤집어썼어요. 당시 프랑스에는 집 안에 화장실이 없었기 때문에 사람들은 용변과 쓰레기를 한데 모았다가 아침이 되면 창밖으로 던졌거든요. 그래서 루이 9세처럼 길을 걷다 오물을 맞는 사람이 많았답니다.

　　이 일을 계기로 루이 9세는 새로운 법을 만들었어요.

　　"창밖으로 오물이나 쓰레기를 버릴 때는 먼저 피하라는 말을 세 번 외쳐야 한다!"

　　법이 시행되자 오물을 뒤집어쓰는 사람은 줄어들었어요. 그러나 도시 곳곳에 넘쳐 나는 쓰레기는 여전히 큰 골칫거리였지요.

　　그러다 1714년, 영국에서 청소를 전문으로 하는 직업인 환경미화원이 처음으로 등장했어요. 환경미화원 덕분에 영국 거리는 예전보다 훨씬 깨끗해졌지요. 그러자 프랑스도 환경미화원을 채용해 도시 곳곳의 청소를 맡겼어요. 그 뒤로 환경미화원은 없어서는 안 될 중요한 직업이 되었답니다.

　　<u>환경미화원은 쓰레기를 치우고, 재활용품은 따로 분류해서 재활용 센터로 보내고, 일반 쓰레기는 소각장이나 매립장으로 운반하는 일을 해요.</u> 쓰레기를 가까이에서 접하기 때문에 병에 걸리기 쉽고, 달리는 차량 앞에서 일할 때는 다칠 위험도 크지요. 그래서인지 환경미화원은 사람들이 선호하는 직업은 아니에요. 그렇지만 우리 사회에 반드시 있어야 할 중요한 직업이지요. 만약 환경미화원이 없다면 우리는 결코 쾌적한 생활을 할 수 없을 거예요.

도시를 디자인하고 변화시키는
도시 계획가

기웃기웃 직업 체험관

도시 계획가와 관련된 직업

조경 기술자: 디자인과 환경에 관한 지식을 바탕으로 정원, 공원 등의 녹지 공간을 계획하고 설계한다.

토목 공학 기술자: 토목 기술에 관한 전문 지식과 기술을 토대로 도로, 항만, 철도 등의 구조물을 건설한다.

교통 설계 기술자: 대상 지역의 인구, 교통량 등을 체계적으로 분석하여 안전하고 효율적인 도로망과 교통 시설물을 설계한다.

제2차 세계 대전이 한창이던 1940년경, 영국의 수도 런던은 쑥대밭이 되었어요. 밤마다 독일 폭격기가 수천 개의 폭탄을 런던 시내에 떨어뜨렸거든요.

"독일 폭격기가 떴다! 다들 조심해!"

"이대로 당하고만 있을 수는 없어. 독일을 공격하자!"

영국도 질세라 독일에 수많은 폭격기를 보내 도시를 파괴했어요. 그 밖에 프랑스, 네덜란드 등 유럽 여러 나라가 전쟁 때문에 큰 피해를 입었지요.

1945년에 드디어 제2차 세계 대전이 끝나자, 남은 건 아수라장이 된 도시뿐이었어요. 수많은 기반 시설이 파괴되고 많은 사람들이 집을 잃었지요.

그때, 폐허가 된 도시를 정비하는 사람들이 있었어요. 바로 도시 계획가였어요. 황폐해진 도시가 도시 계획가들 덕분에 복구되었고, 그때부터 도시 계획가라는 직업이 자리 잡아 갔답니다.

도시 계획가는 오래된 도시를 새로 디자인하거나, 신도시를 기획하고 설계하는 일을 해요. 해당 지역의 인구, 자연환경, 유적, 도로, 상하수도 등을 조사하고 분석하여 도시 계획을 세우지요. 도시 계획가가 되려면 건축, 법, 지리, 역사 등에 관한 지식이 있어야 하고, 무엇보다 공간 지각 능력이 뛰어나야 해요.

편리하고 아름다운 공간을 창조하는
건축가

기웃기웃 직업 체험관

건축가와 관련된 직업

구조 공학자 : 건물이 지진·태풍 등의 피해를 입지 않고 튼튼하고 안전하게 지어지도록 설계하는 일을 한다.

전기 기사 : 건물 내부의 전기 시스템을 설계하고 설치한다. 전기 배선, 조명, 안전장치 등을 책임진다.

배관원 : 건축물에 물, 가스 등을 운반하는 배관 시설을 제작하고 설치한다.

1887년, 프랑스 정부는 파리 만국 박람회를 열기로 하고 에펠이라는 건축가에게 기념 건축물 설계를 맡겼어요.

　"에펠 씨, 파리를 상징할 멋진 건축물을 세워 주세요."

　"건축물을 지을 때는 아름다움, 경제성, 안전성, 기능성 등을 두루 고려해서 설계해야 해요. 제 생각에는 철로 된 건축물이 이 모든 조건을 다 충족할 수 있다고 생각합니다."

　그런데 이 소식을 듣고 파리 사람들은 차가운 반응을 보였어요.

　"말도 안 돼! 파리 시내에 거대한 철탑을 세우겠다니, 분명히 흉측할 거야."

　그러나 에펠은 자신을 믿고 열심히 철탑을 만들었어요.

　"언젠가는 사람들이 내가 만든 건축물을 좋아하게 될 거야."

　과연 시간이 지나자 에펠이 예상한 대로 사람들은 탑의 매력에 흠뻑 빠졌어요. 특히 탑 꼭대기에서 보는 파리의 풍경이 정말 아름다웠지요. 이 탑은 에펠의 이름을 따서 '에펠 탑'으로 불리며, 지금도 많은 사람들에게 사랑받는 파리의 상징물로 자리매김했답니다.

　건축가는 주택과 건물 등을 설계하고 공사를 감독하는 일을 해요. 고객이 원하는 건축물을 파악하고, 공사할 때 지켜야 할 규정을 살펴 그에 맞게 설계 도면을 그리지요. 도면을 그릴 때는 그 건물이 주변 환경과 잘 어울리는지, 화재나 지진 같은 재난이나 자연재해에 잘 견딜 수 있는지도 고려해야 해요. 또 공사가 시작되면 현장에 나가 공사가 설계대로 잘 진행되는지 꼼꼼히 살펴요.

개발 사업에서 자연환경을 보호하는
환경 영향 평가사

기웃기웃 직업 체험관

환경 영향 평가사와 관련된 직업

토양 환경 기술자: 토양 오염 상태를 조사하고, 토양 오염 물질이 환경에 미치는 영향을 줄이는 방법을 연구한다.
대기 환경 기술자: 대기 오염 상태를 측정하고, 대기 오염 방지 시설을 관리한다.

정부가 어느 바닷가 마을에 조력 발전소를 건설하겠다고 발표하자 마을 주민들은 회의를 열었어요. 주민들은 발전소 건설로 경제적 이득을 얻을 수 있다는 찬성파와 환경 파괴를 우려하는 반대파로 나뉘었어요.

그러자 주민 대표가 제안했어요.

"환경 영향 평가사에게 평가를 받아 보고 결정합시다."

의뢰를 받은 환경 영향 평가사들은 조력 발전소가 주변 환경에 어떤 영향을 미칠지 자세히 조사하고 분석했어요.

"조력 발전소가 세워지면 지금보다 조수 간만의 차가 더 심해져서 갯벌이 훼손되고 해저 지형이 바뀔 겁니다. 그렇게 되면 갯벌과 바다에 사는 생명체의 개체 수가 줄어들 가능성이 큽니다. 따라서 지역 어민들의 생계가 큰 타격을 입을 수도 있습니다."

환경 영향 평가사의 말에 마을 주민들은 조력 발전소 건설을 다시 한번 고려해 달라고 정부에 요청했어요.

환경 영향 평가사는 각종 개발이 자연환경에 미치는 영향을 과학적으로 예측하고 분석하는 일을 해요. 환경 영향 평가 결과에 따라 문제가 되는 설계 계획은 수정하라고 시공사에 요청하는 것도 환경 영향 평가사의 일이지요.

요즘은 어떤 개발 사업이든 대부분 환경 영향 평가사의 의견을 듣고 판단을 내려요. 그만큼 환경 영향 평가사는 중요한 직업이랍니다.

4장
생산·기업·경제

식량을 생산하는 중요한 직업
농부

기웃기웃 직업 체험관

농부와 관련된 직업

- **농업 연구사**: 농업 발전을 위해 품종과 재배 기술, 친환경 기술 등을 연구하는 공무원.
- **농업 드론 방제사**: 드론을 이용해 병충해를 없애는 일을 전문으로 한다.
- **스마트 팜 구축가**: 정보 통신 기술을 활용하여 효율적이고 편리한 농작물 재배 시스템을 개발하는 일을 한다.

카리브해의 작은 섬나라 아이티는 삼모작(같은 땅에서 1년에 종류가 다른 농작물을 세 번 심어 거두는 방식)이 가능해 쌀과 곡물이 넘쳐 나는 나라였어요. 그런데 미국에서 쌀을 싸게 들여오자 농부들은 점차 농사를 짓지 않게 되었어요.

"수입산 쌀이 더 싼데 뭐 하러 힘들게 농사를 지어?"

"공장에 취직하면 돈을 더 많이 벌 수 있대."

이런 생각이 퍼지면서 농부의 수가 급격히 줄었어요.

그러다 2008년에 기상 이변으로 세계 곡물 가격이 크게 오르자 아이티에서는 심각한 일이 벌어졌어요. 쌀값이 큰 폭으로 오르는 바람에 가난한 사람들은 쌀을 사 먹을 수 없게 된 거예요.

왜 이런 일이 벌어졌을까요? 여러 이유가 있지만, 가장 큰 이유는 식량 생산의 중요성을 제대로 깨닫지 못한 탓이에요.

농부는 인류 역사 초기부터 시작된 직업으로, 다른 어떤 직업보다도 중요한 일을 하고 있어요. 사람이 살아가려면 먹을거리가 꼭 필요하기 때문이지요.

농작물은 땅에 씨를 심기만 하면 저절로 자라는 것이 아니에요. 수확을 보려면 기후를 비롯한 자연 조건의 변화를 잘 이해하고, 여기에 맞추어 농작물을 심고 돌보아야 해요. 그래서 농부는 농사 기술과 농작물에 관한 충분한 지식과 경험을 갖춰야 하지요. 또 농작물이 성장하는 속도에 맞춰 하루하루 농사일을 꾸준히 해 나가는 성실함과 튼튼한 체력이 필요하답니다.

회사의 최고 경영자
CEO

CEO가 갖춰야 할 자질

① 시시각각 변하는 시장 상황을 빠르게 파악할 수 있어야 한다.
② 추상적인 사업 아이디어를 재빨리 실현할 수 있는 능력이 필요하다.
③ 다양한 사람들과 함께 일하는 직업이기 때문에 대인 관계가 원만해야 한다.
④ 여러 사람을 이끌 수 있는 지도력이 있어야 한다.

1976년, 스티브 잡스는 애플이라는 회사를 만들어 큰 성공을 거두었어요. 그러나 애플 투자자들은 잡스가 고집이 너무 세다며 좋아하지 않았어요.

결국 애플 투자자들은 1985년에 잡스를 경영자 자리에서 내쫓았어요. 그 뒤로 애플은 10년 동안 내리막길을 걸었어요.

"아무래도 전문 경영자가 있어야겠어."

투자자들은 고민 끝에 잡스에게 다시 애플의 경영을 맡기기로 결정했어요. 그리하여 잡스는 1997년부터 다시 애플의 CEO(시이오, 최고 경영자)로 일했지요.

"여러분, 지금은 첨단 디지털 시대입니다! 저는 애플 경영자로서 세상을 바꾸는 혁신적인 제품을 개발하겠습니다."

잡스는 뛰어난 아이디어와 열정으로 직원들을 이끌며 아이폰, 아이패드 같은 놀라운 제품들을 잇달아 내놓았어요. 덕분에 내리막길을 걷던 애플은 순식간에 세계 최고의 회사로 성장했답니다.

이처럼 회사에서는 CEO의 역할이 매우 중요해요. CEO는 그 기업을 만든 사람이 직접 맡을 수도 있고, 전문 지식과 노하우가 있는 사람이 전문 경영인으로 고용되어 CEO로 일할 수도 있어요.

CEO는 회사의 운영 체계를 누구보다 잘 알아야 해요. 뿐만 아니라 판단력과 리더십이 뛰어나야 하고, 직원들의 능력을 잘 활용할 줄 알아야 하지요. 또한 회사를 위해 항상 최선의 결정을 내려야 하고, 그 결정에 끝까지 책임을 져야 한답니다.

편리하고 멋진 제품 디자인을 개발하는
제품 디자이너

기웃기웃 직업 체험관

제품 디자이너의 종류가 궁금해!

가구 디자이너 : 재료, 크기, 기능, 안전 등을 고려하여 가구를 개발하고 디자인한다.
자동차 디자이너 : 자동차의 외형과 내부를 디자인한다. 자동차의 구조와 기능에 대한 이해도가 높아야 한다.
용기 디자이너 : 제품을 담는 용기를 개발하고 디자인한다. 구매자의 연령과 성별, 구매하는 목적 등을 고려하여 디자인한다.

1915년, 코카콜라 회사의 사장은 '코카콜라 병 디자인 공모전'을 열었어요.

　"코카콜라 병 디자인을 공모합니다. 어두컴컴한 곳에서 만져도, 깨진 병 조각만 보고도, 코카콜라 병인지 알 수 있어야 합니다."

　미국 인디애나주의 유리 공장에서 일하던 딘이라는 사람도 공모전에 참가하기로 결심했어요.

　"그래! 코코넛 열매의 흐르는 듯한 세로선을 응용해야겠어."

　딘은 병 중간이 볼록한 형태의 병을 디자인했어요. 그때까지 볼 수 없던 독특한 시도였어요.

　딘이 디자인한 코라콜라 병은 1등으로 뽑혔어요. 코카콜라 회사는 다른 회사에서 이 디자인을 베낄 수 없게 특허권을 등록했지요. 이 새로운 디자인 덕분에 코카콜라는 세계적으로 엄청난 인기를 끌었답니다.

　디자인 사업은 제2차 세계 대전 이후로 주목받았어요. 기능이 똑같은 제품이라도 디자인이 더 좋은 제품이 잘 팔렸지요. 그러자 전문적으로 제품을 디자인하는 제품 디자이너라는 직업이 생겨났어요.

　제품 디자이너는 제품의 쓰임을 정확히 파악해서 사용하기 편하면서도 사람들의 눈길을 사로잡는 디자인을 해야 해요. 그래서 소비자가 어떤 제품을 원하며 어떤 기능에 흥미를 느끼는지 등을 잘 알아야 합니다. 또한 새로운 디자인을 만들어 낼 수 있는 창의력과 미적 감각이 필요하지요.

사람들에게 사랑받는 캐릭터를 창조하는
캐릭터 디자이너

기웃기웃 직업 체험관

나는 캐릭터 디자이너가 될 수 있을까?

- ☐ 나는 트렌드를 빨리 파악하는 편이다.
- ☐ 나는 만화 영화나 게임 등을 좋아한다.
- ☐ 나는 창의력이 뛰어난 편이다.
- ☐ 나는 그림 실력이 뛰어난 편이다.

`4개` 적성에 잘 맞는군요! `2~3개` 가능성이 있어요! `0~1개` 노력해 봐요!

1920년대 초, 미국의 어느 만화 영화 제작자가 뉴욕으로 가는 기차에 올랐어요. 기차가 출발하자 "찌이익" 하는 소리가 들렸지요. 그 순간, 제작자의 머릿속에 작은 생쥐 한 마리가 떠올랐어요.

"그래, 쥐야! 이번 만화 영화의 주인공은 쥐로 해 보자."

제작자는 쥐를 주인공으로 한 만화 영화를 만들기 시작했어요. 그런데 주변의 반응은 차갑기만 했어요.

"사람들은 쥐를 싫어하는데, 쥐가 주인공인 만화 영화를 누가 보겠어요?"

그러나 제작자는 지금껏 본 적 없는 특별한 캐릭터가 탄생할 거라며 자신만만했지요.

1928년, 제작자가 만든 만화 영화가 개봉하자 사람들은 귀여운 쥐 캐릭터에 빠져들었어요. 바로 이 캐릭터가 그 유명한 '미키마우스'예요. 그리고 이 캐릭터를 만든 사람은 '월트 디즈니'랍니다.

미키마우스 캐릭터는 전 세계적으로 큰 사랑을 받았어요. 이 일을 계기로 많은 사람들이 캐릭터의 중요성을 깨달았지요.

요즘에도 우리 주변에는 피카츄, 뽀로로, 헬로키티처럼 사람들에게 사랑받는 인기 캐릭터가 많아요. 캐릭터 디자이너는 사람들의 마음속에 오래 기억될 만한 캐릭터를 만드는 일을 해요. 캐릭터가 사랑받으면 그 캐릭터를 이용해 디자인한 상품까지 인기를 끌기 때문에 캐릭터의 사업적 가치는 무궁무진하지요. 캐릭터 디자이너는 창의력과 관찰력이 뛰어나고 그림 실력과 미적 감각이 좋아야 해요.

반짝이는 아이디어로 제품을 널리 알리는
광고 기획자

기웃기웃 직업 체험관

광고 기획자와 관련된 직업

카피라이터: 광고에 들어갈 글귀를 작성한다. 창의적인 문구를 구사하는 능력이 필요하다.

광고 디자이너: 텔레비전, 인터넷, 잡지 등에 나가는 광고 화면을 구성하고, 광고에 필요한 그림과 이미지 등을 디자인한다.

1951년 어느 날, 미국 해서웨이 셔츠 회사의 사장이 데이비드 오길비라는 광고 기획자에게 광고를 맡겼어요.

　"오길비 씨, 지금 우리 회사는 문 닫기 일보 직전입니다. 사람들의 시선을 확실하게 끌 수 있는 광고를 만들어 주세요."

　얼마 뒤, 오길비는 『뉴요커』라는 잡지에 해서웨이 셔츠 광고를 실었어요. 그러자 많은 사람들이 엄청난 관심을 보였어요.

　"해서웨이 셔츠 광고 봤어? 광고 속 남자 정말 멋지더라!"

　"맞아! 그런데 그 남자는 왜 안대를 하고 있을까?"

　"전쟁터에서 한쪽 눈을 잃은 게 아닐까? 험난한 인생을 살아온 남자가 성공한 뒤에 입는 셔츠라는 뜻 같아."

　오길비가 만든 광고 덕분에 셔츠가 불티나게 팔리자 해서웨이 셔츠 회사는 다시 일어설 수 있었어요. 그러자 다른 기업들도 뒤지지 않으려고 광고를 제작하기 시작했어요. 그러면서 광고 기획자라는 직업도 인기를 끌게 됐답니다.

　광고 기획자는 광고의 모든 과정을 이끄는 사람이에요. 광고를 만들려면 무엇보다 광고할 상품의 특징을 잘 알아야 해요. 그리고 여러 차례 회의를 거쳐 광고를 어떤 식으로 만들지 결정하지요. 광고를 만든 뒤에는 시사회를 여는데, 시사회에서 나온 의견까지 반영하여 수정한 뒤에야 소비자들에게 광고를 선보여요. 이런 모든 과정을 총괄하고 책임지는 사람이 바로 광고 기획자예요.

고객의 돈을 맡아 책임지고 관리하는
은행원

기웃기웃 직업 체험관

은행원이 갖춰야 할 자질
① 돈을 다루기 때문에 성격이 꼼꼼해야 하며, 수학 실력이 좋아야 한다.
② 사람을 상대하는 직업이므로 서비스 정신이 있어야 한다.
③ 경제학, 경영학, 회계학 등을 전공하면 유리하다.

은행원이라는 직업은 중세 유럽의 수도사에게서 유래했다는 이야기가 전해져요. 그 시기에 유럽에서 금을 많이 갖고 있던 상인들은 금을 관리하고 보관하느라 골머리를 앓았어요.

"물건을 사러 갈 때마다 금을 들고 가려니 너무 번거로워. 게다가 금은 무겁고 운송비도 많이 들지."

"그렇다고 금을 집에 두면 도둑이 들까 봐 걱정이야."

그러던 어느 날, 상인들은 좋은 생각을 떠올렸어요.

"그래, 금을 수도원에 맡기고 보관증을 받자. 수도사들은 정직하니까 믿고 맡겨도 되지 않을까?"

수도원에서는 금을 맡긴 사람에게 보관증을 써 주었어요. 상인들은 보관증을 받을 때 수도원 포도밭의 의자에 앉아 수도사들과 이런저런 이야기를 나누었어요. 그때 사람들은 이 포도밭 의자를 '반코(banco)'라고 불렀는데, 여기서 '뱅크(bank, 은행)'라는 단어가 유래했다고 해요.

시간이 흐르자 상인들은 보관증을 주고 물건을 사기도 했어요. 물건을 판 사람은 보관증을 갖고 수도원에 가서 금으로 바꾸었지요. 수도원에서는 보관하고 있는 금을 다른 사람에게 빌려주고 이자를 받기도 했어요. 이렇게 해서 초기 형태의 은행이 탄생했답니다.

은행원은 금융 거래와 관련된 모든 일을 해요. 고객의 돈을 맡아 주거나 다른 곳으로 보내는 일을 하고, 고객에게 돈을 빌려주기도 하지요. 우리나라 돈을 외국 돈으로 바꿔 주기도 하고요. 적금, 예금 등 금융 상품을 소개하고 상담하는 것도 은행원의 일이에요.

유망한 사업을 발굴해 투자를 돕는
펀드 매니저

기웃기웃 직업 체험관

펀드 매니저와 관련된 직업

- **증권 중개인**: 증권을 사거나 팔고 싶어 하는 고객의 주문을 증권 거래소에 등록하고, 거래 조건과 맞는 주문자를 찾아 연결해 준다.
- **투자 분석가**: 돈을 어디에 투자해야 더 많은 이익을 남길 수 있는지 분석하고, 이를 고객에게 알리는 일을 한다.

1602년, 네덜란드 상인들은 진귀한 동양 물건을 가져와 파는 데 관심이 많았어요.

"인도에서 후추를 들여와 팔면 큰돈을 벌겠지?"

"아무래도 여기선 후추가 무지 비싸니까. 그나저나 인도로 가려면 많은 선원과 큰 배가 필요한데, 그 돈을 어떻게 마련하지?"

상인들이 한숨을 쉬고 있을 때, 어떤 사람이 나섰어요.

"사람들에게 투자를 받는 거야! 그 투자금으로 무역 회사를 세워 인도로 가는 거지. 후추를 팔아서 남는 돈을 투자한 사람들에게 나눠 준다고 하면 모두 관심을 보일 거야."

그렇게 해서 최초의 주식 회사인 네덜란드 동인도 회사가 세워졌어요. 인도에서 무사히 후추를 가져오면 투자한 사람들은 투자액의 30배 정도를 벌 수 있었어요. 물론 폭풍을 만나거나 해적들에게 빼앗기기라도 하면 한 푼도 건질 수 없는 위험이 따랐지요. 그러나 사람들은 큰돈을 벌 수 있다는 말에 너도나도 네덜란드 동인도 회사에 돈을 투자했어요. 이것이 최초의 증권(주식·채권 등 재산 가치가 있는 문서) 거래였지요.

그리하여 투자하는 사람들이 점점 많아지며 증권 거래가 활발해지자 이를 전문으로 관리하는 사람들이 등장했어요. 이들이 바로 오늘날 펀드 매니저의 시초인 셈이에요.

펀드 매니저는 고객이 맡긴 돈을 효율적으로 투자하고 관리해서 불리는 일을 해요. 투자가 잘되면 큰돈을 벌 수 있지만 자칫하면 원금을 잃을 수도 있지요. 그래서 펀드 매니저는 환율, 물가 등 전문적인 경제 지식과 시장의 흐름을 파악하는 능력이 있어야 해요.

5장 문화·예술·스포츠

온라인 공간에 만화를 연재하는
웹툰 작가

> **기웃기웃 직업 체험관**
>
> ### 웹툰 작가와 관련된 직업
> **웹툰 피디(PD):** 웹툰 콘텐츠 발굴, 제작, 유통, 관리 등 웹툰과 관련된 전체적인 일을 한다.
> **웹툰 보조 작가:** 웹툰 작가를 도와 웹툰을 그린다. 주로 채색, 보정 등을 담당한다.

1998년 어느 날, 수정이가 민지에게 물었어요.

"민지야, 뭐 해?"

"인터넷으로 만화 보고 있어."

수정이는 깜짝 놀랐어요. 그때만 해도 만화책을 보려면 만화방에 가야 했거든요.

"권윤주라는 만화가가 얼마 전부터 개인 인터넷 홈페이지에 〈쿨캣〉이라는 만화를 연재하는데, 무지 재미있어!"

〈쿨캣〉은 일상의 소소한 이야기를 섬세하고 위트 있게 풀어내 인터넷상에서 큰 인기를 끌었어요. 권윤주 작가는 그 뒤로 만화 제목을 〈스노우캣〉으로 바꾸고 꾸준하게 연재를 이어 갔어요.

〈스노우캣〉은 우리나라 웹툰의 시초라고 할 수 있어요. 물론 그때는 아직 웹툰이라는 말이 없어서 인터넷 만화라고 했지요.

〈스노우캣〉이 점차 인기를 얻자 인터넷에 만화를 연재하는 사람이 늘어났어요. 그러나 대부분 돈을 받지 않고 만화를 그렸어요.

그러다 2000년에 '라이코스'라는 포털 사이트에서 웹툰 전용 페이지를 최초로 개설했어요. 곧이어 다음, 네이버 등에서도 웹툰 서비스를 제공했지요. 그러면서 인터넷에 만화를 연재하는 웹툰 작가라는 직업이 자연스레 생겨났답니다.

웹툰 작가는 창의적이고 흥미로운 이야기를 꾸며 나가야 해요. 독자들의 관심을 끌 만한 캐릭터도 만들어야 하지요. 또 종이와 펜 대신 태블릿과 포토샵으로 그림을 그리기 때문에 전자 기기를 잘 다룰 줄 알아야 해요. 최근에는 웹툰이 드라마나 영화 시장에까지 큰 영향을 미치면서 웹툰 작가를 꿈꾸는 사람이 늘고 있어요.

노래와 춤으로 세계를 사로잡는
케이팝 아티스트

기웃기웃 직업 체험관

케이팝 아티스트와 관련된 직업

연예인 매니저: 아티스트의 모든 연예 활동을 계획하고 관리한다.
보컬 트레이너: 연습생이나 가수들에게 노래를 가르친다.
안무가: 노래에 어울리는 안무를 짜고 연습을 지도한다.

30년째 독일에서 살고 있는 한민 씨가 딸 윤서와 함께 베를린 거리를 걷고 있을 때였어요. 거리 한복판에서 춤을 추는 사람들이 보였어요.

"윤서야, 저 사람들 지금 뭐 하는 거니?"

"커버 댄스 영상을 찍나 봐요. 인기 있는 노래의 안무를 따라 하는 것을 커버 댄스라고 하는데, 요즘 그걸 찍어서 올리는 게 유행이거든요."

윤서의 설명에 고개를 끄덕이던 한민 씨는 갑자기 눈을 크게 떴어요. 익숙한 한국 노래가 들렸기 때문이지요.

"저 노래는 네가 좋아하는 케이팝 아니니?"

"맞아요. 요즘 케이팝이 전 세계적으로 인기가 많아요."

케이팝에 맞춰 신나게 춤추는 독일 사람들을 보니 한민 씨는 감회가 새로웠어요.

"내가 독일에 처음 왔을 때는 한국을 아는 사람이 거의 없었는데, 정말 기쁘구나."

케이팝(K-Pop, Korean Popular Music)은 해외에서 인기 있는 한국의 대중음악이라는 뜻이에요. 그리고 케이팝을 부르는 가수를 케이팝 아티스트라고 하지요.

케이팝 아티스트가 되려면 기획사에 들어가 연습생 기간을 거쳐야 해요. 이 기간에는 춤, 노래, 랩 등을 배우는데, 이 과정을 모두 마쳐야 비로소 케이팝 아티스트로 무대에 설 수 있어요. 그렇지만 누구나 케이팝 아티스트로 성공하는 건 아니에요. 남다른 재능과 소질, 자기만의 뚜렷한 개성이 있어야 한답니다.

온라인 게임을 전문으로 하는
프로 게이머

기웃기웃 직업 체험관

프로 게이머가 갖춰야 할 자질

① 게임 속 공간을 재빠르게 파악하는 공간 지각 능력이 뛰어나야 한다.
② 게임 진행 상황을 정확히 파악할 수 있는 분석적 사고 능력을 갖춰야 한다.
③ 집중력이 높고 게임을 승리로 이끌 전략가로서의 능력이 뛰어나야 한다.
④ 컴퓨터 등 전자 기기에 대한 이해도가 높아야 한다.

1997년, 미국에서 '스타크래프트'라는 게임이 출시되자 전 세계가 떠들썩했어요.

"이번에 새로 나온 스타크래프트 게임 해 봤어? 여러 종족과 전투를 벌이는 컴퓨터 게임인데 엄청 재밌더라!"

"그래? 나도 한번 해 볼까?"

스타크래프트는 입소문을 타고 한국에서도 큰 인기를 끌었어요. 게임을 하고 싶어 하는 사람이 많아지자 덩달아 피시방도 우후죽순으로 늘어났지요. 그 무렵 피시방은 스타크래프트를 하는 사람들로 발 디딜 틈조차 없었답니다.

이러한 인기에 힘입어 1999년에는 우리나라에서 스타크래프트 프로 경기가 열렸어요. 전국에서 내로라하는 게이머들이 출전해 실력을 겨루었지요. 이때부터 게임도 하나의 스포츠로 인정받아 'e스포츠' 산업이 탄생했고, 전문적으로 게임을 하는 '프로 게이머'라는 직업이 생겼어요.

프로 게이머는 운동선수처럼 여러 대회에 나가 우승을 목표로 실력을 겨루어요. 프로 게이머가 되려면 프로 게임단에서 실시하는 입단 테스트에 합격하거나 e스포츠 협회에서 주관하는 대회에서 입상해야 한답니다.

조화롭고 아름다운 연주를 이끌어 내는
지휘자

기웃기웃 직업 체험관

지휘자와 관련된 직업

- **연주가**: 악기를 연주하는 사람. 혼자 연주하기도 하고, 오케스트라 단원으로 여러 사람과 함께 연주하기도 한다.
- **작곡가**: 화음, 리듬, 멜로디 등을 사용해 음악을 만들어 감정과 생각을 표현한다.
- **작사가**: 음악의 분위기에 어울리는 가사를 짓는다.

1830년에 독일에서 태어난 한스 폰 뷜로는 뛰어난 피아노 연주자이자 음악을 사랑하는 청년이었어요.

어느 날, 뷜로는 오케스트라를 지휘하게 됐어요. 당시만 해도 아직 전문 지휘자가 없어서, 연주자나 작곡가가 돌아가며 지휘를 맡곤 했지요. 그래서 뷜로가 지휘자 역할을 하게 된 거였어요.

그러다 뷜로는 지휘의 매력에 푹 빠졌어요.

"어떻게 하면 더 아름다운 소리를 이끌어 낼 수 있을까?"

뷜로는 지휘법 연구에 몰두했어요. 그 노력은 결실을 맺어, 많은 관객이 뷜로의 지휘에 열광했어요.

"뷜로가 지휘하는 연주는 정말 섬세하고 아름다워."

"뷜로는 악보를 통째로 외워서 지휘한대. 그래서 어긋나는 대목 하나 없이 그렇게 완벽한 연주를 이끌어 내나 봐."

그 뒤로 수많은 오케스트라가 뷜로에게 지휘를 부탁했어요. 그리하여 뷜로는 세계 최초로 전문 지휘자가 되었으며, 그의 지휘법은 후대에까지 많은 영향을 주었답니다.

지휘자는 오케스트라 연주를 이끄는 사람이에요. 합창단의 화음이 균형과 조화를 이루게끔 이끌기도 하지요. 지휘자는 오디션을 통해 단원을 뽑고, 연주할 곡을 정하고, 연습을 이끄는 역할도 해요. 저마다 개성이 다른 단원들을 조화롭게 이끌어야 하기 때문에 리더십이 있어야 하지요. 또한 무엇보다 오케스트라를 구성하는 여러 악기의 특성을 잘 알아야 해요.

자기만의 예술 세계를 그림으로 표현하는
화가

기웃기웃 직업 체험관

화가와 관련된 직업

조각가: 나무, 돌, 금속 등을 조각해 작품을 만드는 예술가.
큐레이터: 박물관이나 미술관에서 일하며 작품을 수집하고 전시회를 기획한다.
일러스트레이터: 동화책, 소설책, 신문, 잡지 등의 표지 또는 본문의 삽화를 그린다. 자기만의 개성 있는 그림 스타일이 있어야 한다.

1917년에 영국 런던에서 태어난 톰 키팅은 화가가 되려고 열심히 애썼어요. 그러나 비평가들은 키팅을 냉혹하게 평가했어요.

"키팅 씨, 당신은 화가가 될 가능성이 전혀 없어요."

"무슨 소리를! 내가 재능이 있다는 사실을 증명해 보이겠소."

그날부터 키팅은 미술 역사상 위대하다고 평가받은 화가들의 작품을 베껴 그렸어요. 그가 위조한 작품들은 전문가조차 구별하기 힘들 정도로 진품과 똑같아 보였어요.

"오, 이 작품은 고흐가 그린 작품이 확실합니다."

사람들을 감쪽같이 속인 키팅은 얼마 뒤에 기자 회견을 열어 진실을 밝혔지요.

"재능이 있다는 걸 증명하고 싶어 이 그림들을 위조했습니다."

순전히 그림 실력만 놓고 본다면 키팅은 뛰어난 재능이 있었어요. 그런데 일류 화가가 될 수 없었던 이유를 든다면, 화가는 단순히 그림을 그리는 기술자가 아니라 독창적인 예술 감각을 지닌 예술가일 때 높은 평가를 받기 때문이에요.

화가라는 직업은 아주 오래전부터 존재했어요. 그렇지만 옛날 사람들은 화가를 그저 장인이나 기술자로 여겼지요. 그러다 이탈리아의 조토(1266~1337), 미켈란젤로(1475~1564) 같은 화가들이 활약하면서부터 화가를 예술가로 인정해 주었어요. 화가는 그림도 잘 그려야 하지만, 자기만의 그림 세계를 창조하기 위해 끊임없이 노력해야 한답니다.

카메라로 세상을 바라보는
사진작가

기웃기웃 직업 체험관

사진작가의 종류가 궁금해!

생태 사진작가: 식물, 동물, 자연환경 등을 전문으로 찍는다.
상업 사진작가: TV, 잡지, 화보 등에 들어갈 광고용 사진을 찍는다.
사진 기자: 신문 기사에 실릴 보도 사진을 찍는다.

앙리 카르티에 브레송은 1908년에 프랑스에서 태어난 사진작가예요. 어느 날, 그는 사진을 찍기 위해 온종일 물웅덩이 앞에 쪼그리고 앉아 있었어요.

그러자 사람들이 물었지요.

"브레송 씨, 사진 찍는다더니 왜 가만히 앉아만 있어요?"

"결정적인 순간을 사진에 담고 싶어 기다리는 중이에요."

얼마 뒤, 모자를 쓴 어떤 남자가 물웅덩이 쪽을 지나가려고 물웅덩이 위로 펄쩍 뛰어올랐어요.

"바로 지금이야!"

브레송은 재빨리 셔터를 눌렀어요.

얼마 뒤, 〈생라자르 역 뒤에서〉라는 제목이 붙은 이 사진은 사람들에게 큰 인기를 얻었어요.

"이 사진은 그림과는 완전히 달라. 역동적인 순간을 이렇게 생생하게 담아낼 수 있는 건 사진작가만이 할 수 있는 일이야."

그 뒤로 수많은 사진작가가 브레송처럼 개성 넘치고 예술적인 사진을 찍으려고 노력했어요. 잡지, 신문 등에서도 개성이 강한 멋진 사진을 원했지요. 그러면서 사진도 차츰 예술로 인정받았어요.

사진작가는 사람, 동물, 자연 등을 카메라로 촬영해서 아름다운 작품을 만들어 내는 사람이에요. 사진작가는 찍고 싶은 대상과 자기가 전하고 싶은 메시지에 따라 조명, 각도, 셔터 속도 등을 조절해 사진을 찍어요. 사진작가가 되려면 사진을 많이 찍어 봐야 하고, 자기만의 생각을 사진 속에 담을 줄 알아야 해요.

옷으로 개성과 아름다움을 표현하는
패션 디자이너

기웃기웃 직업 체험관

패션 디자이너와 관련된 직업

패션모델: 다양한 워킹과 포즈로 디자이너가 만든 옷을 아름답게 보여 주는 일을 한다.
가방 디자이너: 천, 가죽, 비닐 등 다양한 소재를 이용해 가방을 만든다.
신발 디자이너: 가죽이나 천, 고무, 플라스틱 등을 이용해 구두나 운동화 같은 여러 신발을 디자인한다.

"어떻게 하면 사람들이 내가 만든 옷에 관심을 기울일까?"

1825년에 영국에서 태어난 재단사 찰스 프레더릭 워스는 고민에 빠졌어요.

그 무렵 재단사들은 고객의 주문을 받고 옷을 만들었어요. 그러나 워스는 자기가 만들고 싶은 옷을 제작해 고객들에게 판매했지요. 워스는 자기가 만든 아름다운 드레스를 더 많은 사람들에게 선보이고 싶었어요. 그러다 좋은 생각을 떠올렸어요.

"내가 만든 옷을 모델에게 입혀서 손님들한테 보여 주는 거야! 그러면 손님들도 그 옷을 입었을 때 얼마나 아름다워 보이는지 알 수 있겠지?"

워스는 자기가 만든 드레스를 입은 모델들을 손님들에게 보여 주었어요. 손님들의 반응은 뜨거웠어요.

"실제로 입은 모습을 보니 더 멋지네요! 저 옷을 사겠어요."

그 뒤로 워스는 의상을 입은 모델들을 손님들 앞에 주기적으로 선보였는데, 이것이 바로 패션쇼의 시초예요.

워스는 큰 인기에 힘입어 패션 브랜드까지 만들어서 패션 업계에 많은 영향을 주었답니다.

패션 디자이너는 옷을 만드는 사람이에요. 창의적이고 아름다운 옷을 디자인하려면 무엇보다 디자인 감각이 중요하지만, 소재나 패턴, 봉제 등에 관한 전문 지식도 있어야 해요. 또한 시시각각 변화하는 유행에 걸맞은 옷을 제작할 줄 알아야 해요. 그래서 패션 디자이너는 수시로 시장 조사를 하며 그때그때 인기 있는 스타일을 연구해야 하지요.

천 개의 얼굴로 다양한 인생을 연기하는
배우

기웃기웃 직업 체험관

배우의 종류가 궁금해!

영화배우: 극장에서 상영하는 영화를 통해 연기를 선보인다.
연극배우: 연극 전문 배우. 드라마 배우나 영화배우와 달리 관객들 앞에서 직접 연기한다.
뮤지컬 배우: 무대에서 노래, 춤, 연기로 감정을 표현하는 배우. 연극배우처럼 관객 앞에서 직접 연기한다.

1953년, 어느 무명 배우가 한 영화의 주인공으로 발탁되자 우려하는 사람들이 많았어요.

　　"저 배우가 공주 역할을 제대로 소화할 수 있을까요?"

　　그러나 촬영이 시작되자 걱정은 기대감으로 바뀌었어요.

　　"저 여인은 우아하고 사랑스러운 공주 그 자체야. 정말 대단한 배우로군!"

　　이윽고 영화가 개봉되자 관객들은 배우의 연기에 빠져들었어요. 배우가 행복해하는 장면에서는 관객들도 함께 웃고, 배우가 이별하는 장면에서는 관객들도 함께 슬퍼했지요.

　　"마치 실제 이야기처럼 느껴질 만큼 생생한 연기야!"

　　"저 배우가 나오는 다른 영화도 보고 싶어."

　　그 배우는 이 영화로 전 세계적인 사랑을 받았어요. 그 배우는 바로 '오드리 헵번'이고, 그가 출연한 영화는 〈로마의 휴일〉이에요. 헵번은 이 영화로 아카데미 여우 주연상까지 받았답니다.

　　영화나 드라마에서 배역을 맡아 연기하는 배우는 많은 사람들에게 사랑받는 직업이에요. 그러나 지나친 관심을 받을 때가 많고 매번 다른 인생을 연기해야 하기 때문에 스트레스가 큰 편이지요. 그럼에도 연기를 통해 사람들에게 감동을 줄 수 있다는 점은 배우들에게 큰 보람을 안겨 줘요. 배우는 감동적이고 실감 나는 연기를 하기 위해 대본을 보며 배역을 연구하고, 인상 깊은 연기를 하고자 연습도 많이 해요.

영화 제작 과정을 총지휘하는
영화감독

기웃기웃 직업 체험관

영화감독과 관련된 직업

- **미술 감독**: 영화 제작 의도를 파악하여 세트장, 소품 등을 각본에 알맞게 디자인한다.
- **음향 감독**: 음향이나 음악을 영화 장면에 어울리게 배치한다.
- **영화 시나리오 작가**: 영화 주제를 선택하고 내용에 따른 역사적 사실이나 사건 등을 자세히 조사해 작품의 전체 줄거리를 구성한다.

1895년, 프랑스의 뤼미에르 형제는 새로운 영사기(영화 필름 등을 확대하여 스크린에 비추는 기계)를 만들었어요. 물론 이전에도 에디슨이 만든 영사기가 있었지만 크기가 몹시 컸고, 딱 한 사람만 작은 구멍을 통해 영상을 볼 수 있었죠. 그러나 뤼미에르 형제가 만든 영사기는 크기가 작았고, 촬영을 할 수 있었으며, 무엇보다 여러 사람이 동시에 영상을 볼 수 있었어요.
　"이 영사기로 활동사진(영화의 옛 용어. '움직이는 사진'이라는 뜻)을 찍어 보자."
　뤼미에르 형제는 기차가 역으로 들어오는 장면을 담은 〈기차의 도착〉이라는 활동사진을 찍어 사람들에게 선보이기로 했어요.
　그런데 상영회 날, 한바탕 소동이 벌어졌어요. 기차가 역으로 들어오는 장면에서 사람들이 갑자기 출입문 쪽으로 우르르 도망친 거예요.
　"기차가 우리를 향해 달려온다. 얼른 피해!"
　이때 뤼미에르 형제가 발표한 작품은 초기 형태의 영화라고 할 수 있어요. 그 뒤로 영화 산업이 점점 발전하면서 영화감독이라는 새로운 직업이 생겨났답니다.
　영화감독은 영화 제작 과정을 총지휘하는 사람이에요. 시나리오를 검토하고, 배우를 캐스팅하고, 그 밖에 촬영, 편집, 녹음 등 각각의 제작 과정도 아울러 책임지지요. 좋은 영화를 만들려면 사회, 예술, 역사, 문화 등 여러 분야에 풍부한 지식이 있어야 해요. 또 많은 스태프와 배우들을 잘 이끌 수 있는 능력도 갖추어야 합니다.

음악에 맞춰 우아한 연기를 펼치는
발레리나

기웃기웃 직업 체험관

나는 발레리나가 될 수 있을까?

- ☐ 나는 몸이 유연하며 균형 감각이 좋은 편이다.
- ☐ 나는 춤을 잘 추는 편이다.
- ☐ 나는 리듬 감각이 뛰어난 편이다.
- ☐ 나는 체력과 인내력이 뛰어난 편이다.

4개 적성에 잘 맞는군요! **2~3개** 가능성이 있어요! **0~1개** 노력해 봐요!

프랑스 왕 루이 14세는 발레를 얼마나 좋아했는지, 발레 공연을 보는 것만으로는 만족하지 못했어요.
　"발레는 정말 아름다운 예술이야. 구경만 할 게 아니라 내가 직접 발레를 해야겠다!"
　그래서 루이 14세는 짬이 날 때마다 무용가들과 어울려 발레를 하곤 했어요. 당시에는 발레가 남성만 하던 무용이라 루이 14세의 상대역도 여장을 한 남성이었지요.
　발레는 본래 이탈리아에서 시작했는데, 루이 14세의 유별난 발레 사랑 덕분에 프랑스에서 크게 유행했어요. 그 뒤 발레는 러시아와 오스트리아 등지로 전해졌고, 발레를 전문으로 하는 여자 무용수인 발레리나도 그 무렵부터 생겨났어요.
　발레리나는 몸을 움직여 여러 가지 감정이나 이야기를 전달해요. 유럽에서는 발레단에서 실력이 가장 뛰어나고 주인공 역할을 하는 무용수를 '발레리나'라고 해요. 그러나 우리나라에서는 발레를 직업으로 하는 사람을 통틀어 발레리나(남자는 발레리노)라고 하지요.
　발레리나는 안무 동작을 정확히 표현해 낼 수 있어야 할뿐더러 공연하는 작품의 주제와 음악도 잘 이해해야 해요. 또 풍부한 표정 등 연기력도 뒷받침되어야 하지요. 발레리나가 되려면 유연한 몸과 균형 감각이 필요하고 숙련도가 뛰어나야 해요. 그래서 발레리나 중에는 아주 어릴 때부터 발레 기본 동작을 열심히 익히며 기초를 닦고 훈련한 사람이 많아요.

한계에 도전하고 정정당당히 승부를 가리는
운동선수

기웃기웃 직업 체험관

운동선수와 관련된 직업

심판: 운동 경기에서 규칙에 따라 반칙과 승부를 판정한다.
운동 코치: 운동을 전문적으로 배우려는 사람들에게 운동을 가르친다.
스포츠 심리 상담원: 심리학과 체육학의 지식을 바탕으로 운동선수나 가족, 지도자의 심리 상담을 담당한다.

고대 올림픽은 기원전 776년쯤에 시작되어 그리스의 올림피아에서 4년에 한 번씩 열렸어요. 그런데 고대 올림픽 경기는 지금의 올림픽과 다른 점이 많았어요. 그리스 남성 시민만 참가할 수 있었고, 선수들은 알몸으로 경기를 치렀기 때문에 여성들은 경기장에 들어갈 수조차 없었지요. 고대 올림픽은 서기 392년에 로마 제국이 그리스를 차지하면서 중단되었어요.

그러다 오랜 시간이 흘러 1894년, 프랑스의 쿠베르탱 남작에 의해 올림픽이 부활했어요.

"올림픽이 다시 열리면 세계 평화와 친선을 도모하는 데 큰 도움이 될 거야!"

쿠베르탱 남작은 국제 올림픽 위원회를 세우고, 2년 뒤인 1896년에 그리스의 아테네에서 제1회 현대 올림픽 경기를 개최했어요. 그 뒤로 각 나라를 대표하는 국가 대표 운동선수들이 4년마다 올림픽에서 기량을 겨루어요. 올림픽에서 메달을 딴 선수들은 자기 나라에서 영웅 대접을 받고 포상금이나 연금 등을 받아요.

운동선수는 운동을 직업으로 하는 사람으로, 경기에 출전해 좋은 성적과 기록을 내기 위해 끊임없이 자기 자신과 싸워야 해요. 그래서 어려서부터 힘든 훈련을 견뎌 내야 하지요. 기본적으로는 체력과 정신력이 강해야 하고, 꾸준히 훈련하며 해당 종목의 기술을 익혀야 해요. 또한 상대 팀이나 선수의 장단점을 잘 알고 적절한 전략과 전술을 펼쳐야 경기에서 좋은 성적을 낼 수 있답니다.

6장
방송·언론·출판

미디어 콘텐츠를 만들어 유튜브에 올리는
유튜버

기웃기웃 직업 체험관

유튜버와 관련된 직업

- 유튜브 피디(PD): 유튜브 채널의 촬영 콘셉트와 내용을 기획하고 촬영을 담당한다.
- 영상 편집자: 주제에 걸맞게 영상을 잘라 붙이고, 자막과 음향 등을 넣어 완성도 있는 영상을 만든다.

2005년, 동물원에 놀러 간 자베드 카림은 친구에게 코끼리와 자기 모습을 영상으로 찍어 달라고 부탁했어요. 친구가 찍어 준 영상을 보며 카림은 아이디어를 하나 떠올렸어요.
　'내가 만든 동영상 플랫폼에 이 영상을 첫 번째로 올려 볼까?'
　〈동물원에 온 나(Me at the zoo)〉라는 제목의 이 영상은 19초밖에 안 되는 짧은 분량이고 특별한 내용이 없었어요. 그런데 현재 이 영상의 조회 수는 무려 3억 회를 훌쩍 넘겼어요. 시간이 지나면서 이 동영상 플랫폼이 엄청난 인기를 끌자 수많은 사람들이 카림의 영상을 봤기 때문이지요. 이 동영상 플랫폼이 바로 '유튜브'예요.
　유튜브는 누구나 쉽게 동영상을 올리고 편하게 감상할 수 있는 플랫폼을 만들자는 취지로 청년 세 명이 개발했어요. 첫 시작은 미미했지만 스마트폰이 보급되면서 이용자가 폭발적으로 늘었지요. 드디어 유튜브는 세계에서 가장 많이 쓰이는 동영상 플랫폼으로 성장했고, 유튜브로 돈을 버는 전문 '유튜버'까지 생겨났답니다.
　유튜브에 올릴 목적으로 동영상을 제작하는 사람을 '유튜버'라고 해요. 다른 말로는 '유튜브 크리에이터'라고 하지요. 유튜브에 채널을 개설하고 동영상을 올려서 구독자와 조회 수가 많아지면 광고 수익 등으로 돈을 벌 수 있어요.
　유튜버가 되려면 카메라나 컴퓨터를 잘 다루어야 하고, 영상 편집 기술을 익혀야 해요. 무엇보다 사람들의 관심을 끄는 콘텐츠를 기획하고 만드는 능력이 뛰어나야 하지요. 누구나 쉽게 유튜버가 될 수 있지만, 높은 수익을 올리는 전문 유튜버가 되는 것은 생각보다 어려운 일이랍니다.

세상에 소식을 전하고 여론을 만드는
기자

기웃기웃 직업 체험관

기자의 종류가 궁금해!

취재 기자: 국내외에서 일어난 주요 사건·사고와 정보를 신문이나 뉴스에 제공하기 위해 현장에 나가 취재하는 일을 한다.
촬영 기자: 영상 기자라고도 하며, 방송 뉴스 영상을 촬영한다.
편집 기자: 취재한 기사, 사진, 자료 등을 신문이나 뉴스 보도용 자료로 편집하는 일을 담당한다.

1853년, 크림 전쟁이 일어나자 영국인들은 전쟁 상황을 알고 싶어 《런던 타임스》라는 신문을 찾아 읽었어요.

"이게 뭐야? 신문을 봐도 전쟁 소식을 자세히 알 수가 없잖아."

사람들은 신문을 읽으며 불만을 터뜨렸어요. 그러자 《런던 타임스》의 취재 기자 윌리엄 러셀이 편집장에게 말했어요.

"편집장님, 제가 전쟁터에 가서 직접 취재를 하겠습니다."

"뭐라고? 총알이 빗발치는 전쟁터로 가겠다고?"

"네. 기자는 사람들이 알고 싶어 하는 걸 취재하고 기사로 써야 할 의무가 있다고 생각합니다."

그리하여 세계 최초로 종군 기자(전쟁터에 직접 나가 전쟁 상황을 보도하는 기자)가 된 러셀은 목숨을 걸고 전쟁터를 누비며 취재했어요. 그 덕분에 《런던 타임스》는 다른 신문보다 생생한 보도를 할 수 있었지요.

러셀이 쓴 기사를 읽고 사람들은 전쟁터의 실상을 알게 됐어요. 나이팅게일도 신문 기사를 보고는 부상병들을 간호하기 위해 전쟁터로 달려갔어요. 그것을 계기로 '적십자'라는 국제 의료 조직도 만들어졌지요. 이처럼 기자의 보도는 사람들을 움직이는 큰 힘이 있어요.

기자는 어떤 유혹에도 흔들리지 않고 진실만을 전하는 용기가 있어야 해요. 또한 기자의 보도는 사람들의 생각에 많은 영향을 주기 때문에 어느 한쪽에 치우치지 않고 공정하고 객관적으로 보도하려는 책임 의식이 강해야 합니다.

아나운서
방송 프로그램을 매끄럽게 진행하는

기웃기웃 직업 체험관

아나운서의 종류가 궁금해!

뉴스 아나운서: 뉴스에서 여러 사건·사고 소식을 전하는 일을 한다.
스포츠 아나운서: 스포츠와 관련된 프로그램을 담당한다. 경기장에서 운동 경기를 중계하거나 선수·감독 등과 인터뷰를 하기도 한다.

1920년, 미국 피츠버그에 세계 최초의 정규 라디오 방송국인 'KDKA'가 세워졌어요. 그러나 라디오 방송을 듣는 사람은 거의 없었어요. 그러자 방송국 사장이 직원들에게 새로운 제안을 했어요.

"대통령 선거 개표 방송을 중계하면 사람들이 라디오에 관심을 둘 거 같은데, 여러분 생각은 어떤가요?"

"좋은데요! 그런데 선거 개표 방송은 누가 하나요?"

"목소리가 좋고 발음이 정확한 사람을 뽑아서 중계방송을 맡겨 봅시다."

그래서 KDKA는 아린이라는 사람을 진행자로 뽑았어요.

1920년 11월 2일 저녁, 아린은 대통령 선거 개표 방송을 중계했어요. 덕분에 선거 결과를 실시간으로 전해 들은 사람들은 라디오 방송에 큰 매력을 느꼈어요.

그 뒤로 KDKA 라디오 방송이 큰 인기를 끌자 여러 라디오 방송국이 세워지고, 방송 프로그램을 전문적으로 진행하는 아나운서라는 직업도 생겼답니다.

아나운서는 라디오나 텔레비전 프로그램을 진행하는 일을 해요. 다양한 분야의 정보를 전달하고 프로그램을 이끌어야 하기 때문에 상식이 풍부하고 정확한 표준어를 구사해야 하며 소통 능력이 뛰어나야 하지요. 예전에는 주로 뉴스나 교양 프로그램을 맡았지만, 요즘에는 예능 프로그램으로까지 영역을 넓히고 있어요.

방송 프로그램 제작을 지휘하는
방송 연출가(PD)

기웃기웃 직업 체험관

방송 연출가(PD)의 종류가 궁금해!

드라마 피디(PD): 드라마 제작을 관리하고 책임진다. 대본을 보는 안목이 높아야 하고 조명, 음악, 특수 효과 등에 관해서도 잘 알아야 한다.

예능 피디(PD): 예능 프로그램 제작을 관리하고 책임진다. 트렌드에 민감하고 재치가 있으며 대중과 소통하는 능력이 뛰어나야 한다.

시사 교양 피디(PD): 시사 교양 프로그램 제작을 관리하고 책임진다. 프로그램의 사회적 책임과 영향력을 인식할 줄 알아야 한다.

정아 씨는 새로 개편된 음악 프로그램의 연출을 맡아 몹시 바쁜 나날을 보내고 있어요.

아침 10시, 방송 관계자 회의로 하루가 시작됐어요. 회의에는 카메라 감독, 음향 감독, 작가, 방송을 진행할 아나운서 등 여러 사람이 참석했어요. 연출가인 정아 씨가 회의를 이끌면서 많은 의견을 나누고 진행 상황을 점검했어요.

오후 12시 30분, 정아 씨는 촬영 스튜디오를 찾았어요.

"출연 순서대로 리허설을 해 주세요."

리허설이 진행되는 동안 정아 씨는 출연자들의 움직임을 확인하고, 그 모습을 어떻게 카메라에 담으면 좋을지 생각했어요.

2시 정각, 드디어 프로그램 녹화를 시작했어요.

"조명 감독님, 분위기에 맞는 조명 부탁해요."

"촬영 감독님, 가수들 얼굴을 가까이에서 잡아 주세요."

5시 30분에는 다음 회에 출연할 가수의 매니저를 만나 일정을 의논하고, 7시에는 편집실에서 조연출과 함께 영상을 편집했어요.

방송 연출가는 주로 '피디(PD)' 또는 '프로듀서'라고 불려요. 출연자, 무대 장치, 조명, 음악, 카메라, 대본 등 방송 프로그램에 필요한 모든 것을 준비하고 지휘하는 일을 하지요. 제작 회의를 거쳐 일정을 정하면 작가의 대본을 바탕으로 촬영을 해요. 방영이 끝난 뒤에는 시청자들의 반응을 토대로 시청률이 올라갈 수 있게 전략을 짜고요. 방송 연출가는 아이디어가 풍부하고 창의력이 뛰어나야 하며, 리더십이 있어야 한답니다.

다른 언어를 쓰는 사람들 간의 소통을 돕는
통역사

기웃기웃 직업 체험관

통역의 종류가 궁금해!

수행 통역: 통역이 필요한 사람을 따라다니며 상황에 알맞은 방식으로 통역한다.
동시 통역: 발표자의 말을 동시에 통역한다. 주로 대규모 국제회의, 학술 대회 등에서 많이 이루어진다.
순차 통역: 발표자의 말이 웬만큼 끝나면 통역사가 바로 이어서 통역한다. 발표자와 통역사의 호흡이 잘 맞아야 한다.

어느 통역사가 강연회에서 중국어 통역을 맡았어요.

그런데 강연이 거의 끝나 갈 무렵, 난처한 일이 생겼어요. 중국인 연사가 농담을 했는데, 다른 나라 사람은 이해하기 힘든 농담이었거든요. 통역사는 눈앞이 캄캄해졌어요.

'이 농담을 이해하려면 중국 문화를 잘 알아야 해서, 통역을 해도 무슨 뜻인지 전혀 알아듣지 못할 텐데……'

그때, 좋은 생각이 떠올랐어요. 통역사가 말했어요.

"지금 이분께서 농담을 하셨는데 여러분이 웃지 않으시면 제가 몹시 곤란해집니다."

통역사의 말에 강연장은 웃음바다가 되었고, 중국인 연사는 만족한 표정을 지었답니다.

통역사는 먼 옛날 나라와 나라 사이에 거래나 무역을 하면서 생겨난 직업이에요. 조선 시대에는 통역사를 '역관'이라고 불렀어요.

통역사는 국제회의, 세미나, 기자 회견, 사업상 회의, 법원 등에서 외국인의 대화 또는 발표를 우리말로 전달하거나 우리말을 외국어로 전달하는 일을 해요. 통역을 하려면 두 가지 언어를 모두 잘해야 해요. 말뜻을 정확하게 전달하려면 집중력과 순발력이 좋아야 하고요. 또한 여러 분야 사람들의 말을 통역해야 하기 때문에 상식의 폭도 넓어야 한답니다.

글로 사람의 마음을 움직이는
작가

기웃기웃 직업 체험관

작가의 종류가 궁금해!

문학 작가: 소설, 시, 수필 등의 문학 작품을 쓴다. 소설가, 시인, 수필가 등으로 불린다.
시나리오 작가: 시나리오가 영상으로 제작될 수 있게 줄거리, 대사, 장면 묘사 등을 만들어 내는 일을 한다. 영화 시나리오 작가, 애니메이션 시나리오 작가, 게임 시나리오 작가 등이 있다.
방송 작가: 예능, 다큐멘터리 등 여러 프로그램의 대본을 쓴다.

어느 날, 누리 작가에게 출판사에서 연락이 왔어요.

"작가님, 저희 출판사에서 『그래서 이런 직업이 생겼대요』라는 책을 기획했습니다. 혹시 원고를 써 주실 수 있나요?"

"평소 다양한 직업에 관심이 많았는데, 재밌겠네요."

누리 작가는 우선 자료부터 조사했어요. 직업을 다루는 글을 쓰려면 해당 직업에 종사하는 사람들이 하는 일을 잘 알아야 하므로, 직업과 관련된 책을 여러 권 읽었어요. 인터넷을 통해서도 자료를 모았지요.

모은 자료를 바탕으로 누리 작가는 글을 쓰기 시작했어요. 글을 다 쓴 뒤에는 원고를 다시 한번 찬찬히 읽고, 마음에 들지 않는 대목은 고쳐 썼어요. 부지런히 서두른 덕분에 마감 날짜에 맞춰 출판사에 원고를 보낼 수 있었어요.

작가는 자기가 좋아하거나 잘 아는 분야, 자기가 직접 겪은 이야기나 다른 사람에게 들은 이야기 또는 상상으로 지어낸 이야기 등을 바탕으로 글을 창작하는 사람이에요. 『그래서 이런 직업이 생겼대요』의 경우처럼 출판사가 작가에게 글을 청탁하기도 하고, 작가가 먼저 글을 쓰고 나서 책을 펴낼 출판사를 찾기도 해요.

독서를 즐기고 글쓰기를 좋아하는 어린이라면 누구나 작가가 될 가능성이 있어요. "펜은 총보다 강하다."라는 말이 있지요. 작가는 글로 사람의 마음을 움직일 수 있으며, 글이 가진 힘은 그만큼 강하다는 뜻이에요.

기획에서 출간까지 책 만들기를 총괄하는
출판물 편집자

기웃기웃 직업 체험관

출판물 편집자와 관련된 직업

편집 디자이너: 출판물의 표지와 본문을 구상하고 디자인한다.
인쇄기 조작원: 인쇄기를 조작하여 책, 신문, 팸플릿 등 각종 인쇄물을 생산한다.
출판 마케터: 도서 판매량을 늘리기 위해 시장을 조사하고 분석하여 여러 홍보 방안을 모색한다.

1996년, 블룸즈버리 출판사의 편집자 배리 커닝엄은 두툼한 원고 뭉치를 받았어요. 원고를 읽던 커닝엄은 무릎을 탁 쳤어요.

"가족에게 구박받던 소년이 마법 학교에 입학하는 이야기라……. 썩 마음에 드는걸!"

커닝엄은 곧 제작 담당자와 상의했어요.

"쪽수, 판형, 초판 발행 부수를 정해서 비용을 뽑아 봅시다."

책을 어떤 형태로 만들지 결정하고 제작 마감일을 정한 뒤, 커닝엄은 원고를 교정 담당자에게 넘겼어요.

교정이 끝나자 원고는 편집 디자이너에게 전해졌어요. 커닝엄은 디자인 견본을 꼼꼼히 살펴보고, 마음에 들지 않는 부분을 보완했어요. 그런 다음 완성된 파일을 인쇄 제작 담당자에게 넘겼어요.

세계적인 베스트셀러 『해리 포터와 마법사의 돌』은 이런 과정을 거쳐 만들어졌어요. 이 책으로 무명 작가였던 조앤 롤링은 하루아침에 유명 작가가 됐어요. 더불어 편집자 커닝엄의 이름도 널리 알려졌고요.

출판물 편집자는 책 만드는 일을 총괄해요. 기획, 작가 섭외, 원고 검토, 디자인, 교정, 인쇄, 제본, 홍보 마케팅 등 출판의 모든 과정을 관리하지요. 출판물 편집자는 독자들이 어떤 책을 원하는지 끊임없이 고민하고, 자기가 담당하는 분야를 열심히 공부해야 해요.

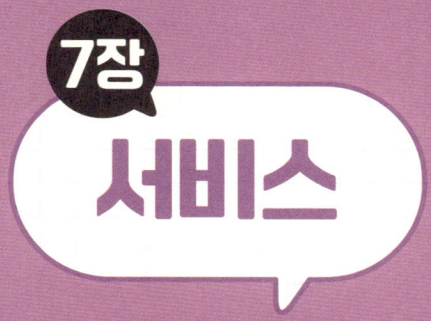

7장
서비스

비행기 승객에게 서비스를 제공하는
항공기 승무원

기웃기웃 직업 체험관

항공기 승무원과 관련된 직업

지상직 승무원: 지상에서 승객들에게 서비스를 제공하는 승무원. 공항 카운터에서 항공권을 발권하고, 탑승구에서 승객들의 여권을 확인하는 등의 일을 한다.

항공기 운항 정비사: 운항 도중 사고가 나지 않도록 비행 전후에 항공기를 주기적으로 점검하고 고치는 일을 한다.

1930년, 비행기 조종사와 간호사 자격증을 함께 갖추고 있던 엘렌 처치라는 여성이 어느 미국 항공사에 이력서를 냈어요.

"항공기 조종사가 되고 싶습니다."

"죄송합니다만 우리 항공사는 여성 조종사를 뽑지 않습니다."

비행기와 관련된 일을 꼭 하고 싶었던 처치는 포기하지 않고 항공기 승무원 자리에 지원했어요. 그러나 그때는 남성만 승무원을 할 수 있었기 때문에 이마저 거절당했습니다.

처치는 항공사를 끈질기게 설득했어요.

"간호사 자격증이 있는 제가 승무원이 되어 몸이 불편한 승객들을 돌봐 준다면 비행기를 이용하는 사람들이 늘어날 겁니다."

당시 사람들은 비행기가 안전하지 않다고 여겼어요. 기체가 몹시 흔들리는 탓에 승객들은 멀미와 두통에 시달리곤 했지요.

처치의 말이 일리가 있다고 생각한 항공사는 그를 항공기 승무원으로 고용했어요. 처치가 승무원 역할을 훌륭히 해내자 많은 항공사들이 여성 승무원을 채용하기 시작했답니다.

항공기 승무원은 승객들이 비행기를 타고 목적지까지 가는 동안 안전하고 편안하도록 돕는 일을 해요. 식사나 음료를 제공하고, 위급한 상황이 닥치면 대처 방법도 알려 주지요. 승무원이 되려면 응급 처치, 비상 탈출 훈련 등 여러 가지 안전 교육을 받아야 해요. 또한 전 세계를 오가며 여러 나라 승객들을 만나기 때문에 언어 능력이 뛰어나야 하고, 서비스 정신이 투철해야 합니다.

고인의 마지막 길을 돕는
장례 지도사

기웃기웃 직업 체험관

장례 지도사와 관련된 직업

반려동물 장례 지도사: 반려동물이 죽었을 때 장례와 관련된 모든 일을 주인 대신 도맡아 처리한다.

장례 도우미: 장례에 필요한 음식을 준비하고 조문객들을 대접한다.

장례 지도사 민지 씨가 유가족을 만났어요.

"이번 장례를 담당할 장례 지도사 권민지입니다. 아버님이 마지막까지 편안하게 가실 수 있도록 최선을 다해 모시겠습니다."

민지 씨는 유가족에게 장례 절차를 알려 주었어요. 그리고 장례 준비가 다 끝나자 장례식을 열었지요.

장례 이틀째가 되는 날에는 민지 씨가 고인의 몸과 얼굴을 씻기고 수의를 입혔어요. 그런 다음 유가족을 불러 고인의 모습을 보여 주며 말했어요.

"고인과 마지막으로 인사를 나누는 시간입니다. 하고 싶은 말씀이 있으면 해 주세요."

장례 마지막 날, 민지 씨는 운구차에 관을 싣고 화장장(시신을 화장하는 시설)으로 향했어요.

갑작스러운 이별을 맞이하면 유가족은 마음이 어수선해지고 막막함을 느껴요. 그래서 장례 지도사는 유가족을 대신해 복잡한 장례 절차를 이끌어 가고 시신을 관리하며 유가족이 온전히 애도할 수 있게끔 도와줘요. 또한 유가족의 슬픔에 공감하고 진심으로 위로하며 이별의 고통을 덜어 주지요. 막중한 책임감과 사명감으로 한 사람의 마지막 길을 책임지는 장례 지도사 또한 우리에게 꼭 필요한 직업이랍니다.

땅이나 집을 사고파는 일을 도와주는
공인 중개사

기웃기웃 직업 체험관

공인 중개사가 갖춰야 할 자질
① 부동산 관련 전문 지식을 잘 알고, 부동산 시장 동향을 빠르게 파악해야 한다.
② 구매자와 판매자 사이의 의견 차이를 원만하게 조율할 수 있어야 한다.
③ 부동산 매물을 효과적으로 홍보할 수 있는 마케팅 능력이 필요하다.

조선 한양 땅에 흥정 잘하기로 소문난 최 씨라는 사람이 살았어요. 최 씨의 직업은 집주릅이었어요. 집주릅은 집이나 땅을 소개해 주고 수수료를 받던 사람이에요.

어느 날, 장 씨라는 장사꾼이 집을 보러 왔어요.

"북촌에 집 나온 거 있소?"

"아주 좋은 집이 있습니다. 한번 보여 드리지요."

최 씨가 소개한 북촌 집은 몹시 낡아서 오랫동안 팔리지 않던 집이었어요. 그러나 최 씨는 자신이 있었어요.

'장사꾼이 선비가 모여 사는 북촌에 집을 얻으려는 이유는 필시 자식들을 제대로 공부시키기 위해서일 거야!'

최 씨는 장 씨에게 집을 보여 주며 말했어요.

"손님, 집은 겉모습만 보고 사는 게 아닙니다. 이 집은 과거에 급제하여 높은 관리가 된 선비의 집입니다. 이런 집에 살면 그 기운을 받아 손님 자식들이 과거에 급제할지 누가 압니까요?"

최 씨의 말에 장 씨는 당장 그 집을 사기로 했어요.

조선 시대에 활동하던 집주릅은 오늘날로 치면 공인 중개사라고 볼 수 있답니다.

공인 중개사는 토지나 건물 같은 부동산을 다양한 방법으로 홍보하고 중개하는 일을 해요. 공인 중개사가 되려면 공인 중개사 자격증을 따야 하며, 부동산 관련 법을 잘 알아야 해요. 또한 토지와 건물의 가치를 정확하게 평가할 줄 아는 분석력이 필요하고, 원만하게 협상할 줄도 알아야 하지요.

요리사

사람들의 입맛을 사로잡는 요리 전문가

기웃기웃 직업 체험관

요리사와 관련된 직업

- 요리 연구가: 기존의 요리를 발전시키고 새로운 요리를 개발한다.
- 푸드 스타일리스트: 광고 촬영을 위해 음식이나 각종 식기를 배열하여 테이블 공간을 디자인하고 연출한다.
- 소믈리에: 요리에 어울리는 와인을 손님에게 추천하는 일을 전문으로 한다.

15세기, 오스만 제국(지금의 튀르키예)에는 식도락가로 유명한 술탄(왕)이 있었어요. 식도락가는 여러 가지 음식을 두루 맛보는 것을 즐거움으로 삼는 사람을 가리켜요.

  하루는 술탄이 요리사를 불러 무시무시한 명령을 내렸어요.

  "앞으로 매일 새로운 음식을 올려라. 만약 내 혀가 기억하는 맛이라면 그 음식을 만든 요리사를 사형시키겠다."

  그날부터 왕실 요리사들은 목숨을 걸고 요리를 해야 했어요.

  "술탄께서 좋아하시는 음식 재료가 뭘까?"

  "무조건 새로운 요리를 만들어야 해."

  왕실 요리사들이 목숨을 걸고 음식을 만든 덕분에 튀르키예 음식은 종류가 점점 다양해지고 맛도 좋아졌다고 해요.

  요리사는 손님을 위해 음식을 만드는 직업이에요. 손님이 주문한 요리를 만들고, 새로운 조리법을 개발하는 일을 하지요. 우리나라에서는 분야에 따라 한식 조리사, 양식 조리사, 일식 조리사, 중식 조리사 등으로 나뉘어요.

  요리사가 되려면 다양한 조리 방법을 잘 알아야 하고, 새로운 메뉴를 개발하는 창의력이 있어야 해요. 또한 끈기와 성실함도 있어야 해요. 처음에 요리사가 되면 허드렛일을 담당하는 주방 보조부터 시작하는 경우가 많거든요. 능력을 인정받아야만 요리사의 으뜸인 주방장이 될 수 있답니다.

헤어스타일을 멋지게 가꿔 주는
미용사

기웃기웃 직업 체험관

미용사와 관련된 직업

이발사: 손님의 머리칼을 자르거나 다듬는 일을 하며 주로 남성 고객을 상대한다. 면도 서비스를 제공하기도 한다.
반려동물 미용사: 반려동물의 미용과 청결을 담당한다. 커트, 목욕, 귀 청소 등을 한다.

조선 시대에는 여자건 남자건 모두 머리를 길렀어요. 남자도 어릴 때는 머리를 길게 땋아 늘어뜨렸고, 결혼한 뒤에는 위로 올려 상투를 틀었어요.

그러다 1895년(고종 32년), 개화의 물결 속에 단발령이 내려지면서 큰 변화를 겪게 되었어요.

"상투를 잘라라! 상투를 자르면 깨끗하고 편안하다."

날벼락 같은 명령에 나라 안이 발칵 뒤집혔어요.

"머리칼을 함부로 자르는 것은 조상을 모욕하는 일이오!"

그러자 고종은 자기 머리칼부터 잘랐어요. 이때 고종의 머리털을 자른 사람은 왕실 이발사 안종호였어요. 그는 고종과 세자, 관리들의 머리를 차례로 깎았어요. 그 후, 안종호는 서울 종로에 이발소를 차리고 손님들의 머리를 깎았다고 해요.

1933년에는 일본에서 미용을 공부한 오엽주라는 여성이 우리나라 최초의 미용실을 열면서 여성들도 서양식 머리 모양을 하기 시작했어요.

미용사는 고객의 머리 모양을 예쁘게 꾸미고 머릿결을 건강하게 관리해 주는 일을 해요. 미용사는 미적 감각과 전문 기술이 필요한 직업이에요. 미용사는 유행을 잘 알아야 하고, 새로운 미용 기술도 꾸준히 습득해야 해요. 사람들이 선호하는 머리 모양이 자꾸 변하기 때문이에요. 다양한 부류의 손님들을 대하기 때문에 소통 능력이 좋아야 하고 배려심이 필요하지요.

동물을 보살펴 주는 사육사

기웃기웃 직업 체험관

사육사의 종류가 궁금해!

동물원 사육사: 동물원에서 일하며 여러 동물들을 관리한다.
특수 동물 관리사: 양서류, 파충류처럼 특수한 동물을 전문으로 관리한다.
관상어 관리사: 대개 수족관에서 일하며, 관상어를 각각의 특성에 맞게 관리하고 보살피는 일을 한다.

17~18세기 유럽인들은 식민지로 삼을 땅을 찾아서 아시아, 아프리카, 아메리카 등으로 탐험을 떠났어요. 그곳에는 유럽에서 볼 수 없는 신기한 동물들이 살고 있었지요.

"저 동물 이름은 코끼리래. 잡아서 유럽으로 데려가자!"

그들은 식민지에서 잡아 온 온갖 동물을 왕이나 귀족들에게 큰돈을 받고 팔았어요. 그리고 팔고 남은 동물들을 한 장소에 모아 전시했는데, 구경을 갔던 사람들의 입을 통해 신기한 동물 이야기가 널리 퍼졌어요.

"코끼리라는 동물은 코가 길고 덩치가 어마어마하더라!"

그렇게 동물원을 찾는 사람들은 점점 늘어났어요.

그러나 시간이 흐르면서 유럽의 기후에 적응하지 못하고 시름시름 앓다가 죽는 동물이 많아졌어요. 그러자 동물원에서는 동물을 전문적으로 돌볼 수 있는 사람을 부랴부랴 고용했는데, 이때 사육사라는 직업이 등장했지요.

사육사는 동물원, 동물 연구 기관, 반려견 훈련소 등에서 동물을 전문적으로 돌보는 일을 해요. 동물의 건강 상태를 살피고, 각 동물의 습성에 맞는 먹이와 보금자리를 제공하지요. 동물을 잘 돌보려면 동물의 생물학적 특성을 잘 알아야 해요. 그리고 무엇보다 동물을 사랑하고 아끼는 마음이 중요하답니다.

알맞은 운동 방법을 알려 주는
헬스 트레이너

기웃기웃 직업 체험관

헬스 트레이너와 비슷한 직업

필라테스 강사: 몸의 속 근육을 키우는 운동인 필라테스를 전문 기구를 이용해 가르친다.
수영 강사: 자유영, 평영, 접영, 배영 등의 수영 방법을 가르친다.

1865년, 스웨덴의 의사 요나스 구스타브 빌헬름 산더는 효과적인 물리 치료 방법을 고민하고 있었어요. 그러다 산더는 좋은 생각을 떠올렸어요.

"그래! 재활 운동을 도와주는 기계를 만들어 보자!"

산더는 인간의 운동 동작을 분석해 운동 기구를 개발했어요. 그리고 운동 기구들을 한데 모은 체육관을 세웠지요.

"허리나 어깨가 아플 때는 제대로 된 자세로 운동해야 합니다. 이 운동 기구를 이용하면 안전하고 효과적으로 운동할 수 있습니다."

그때만 해도 한 공간에 모여 기구로 운동하는 문화가 낯설었기 때문에 체육관을 이용하는 사람이 별로 없었어요. 그러나 운동 기구 덕분에 건강을 되찾는 사람이 늘어나자 점점 많은 사람이 그의 체육관을 찾았어요. 그 뒤로 더 다양한 운동 기구와 운동 방법이 개발되면서 운동을 전문적으로 가르치는 헬스 트레이너라는 직업도 생겨났답니다.

헬스 트레이너는 운동 의학 지식을 바탕으로 개인의 신체 특징과 환경에 알맞은 올바른 운동 방법을 알려 주는 직업이에요. 운동 기구 사용법을 정확하게 가르쳐 주고, 운동하는 자세를 바로잡아 주지요. 헬스 트레이너가 되려면 대학에서 체육 관련 학과를 전공하거나 국가 자격증인 생활 스포츠 지도사 자격증을 따야 해요. 영양학, 해부학, 운동 생리학 등도 잘 알아야 하고요. 또한 사람을 상대하는 일이기 때문에 서비스 정신과 배려심이 필요해요.

탐방객들에게 자연환경을 소개하는
자연환경 해설사

기웃기웃 직업 체험관

자연환경 해설사가 갖춰야 할 자질
① 지역의 자연 생태와 더불어 역사와 문화를 잘 알아야 한다.
② 탐방객들이 흥미를 느끼도록 쉽고 재미있게 설명할 수 있어야 한다.
③ 자연을 사랑하는 마음이 필요하다.

자연환경 해설사 도연 씨가 강원도 동강을 찾은 탐방객들에게 인사했어요.

　　"안녕하세요! 저는 자연환경 해설사 김도연입니다. 오늘은 여러분에게 강원도 동강을 안내해 드리겠습니다."

　　도연 씨는 탐방객들과 함께 걸으며 설명했어요.

　　"지금 여러분이 보고 계신 강이 바로 동강입니다. 강원도 평창 오대산에서 나온 물줄기가 이곳까지 흘러들어 이렇게 큰 강이 되었다고 해요."

　　도연 씨는 동강 유역 곳곳의 아름다운 풍경을 소개하고, 지역의 역사도 설명해 주었어요.

　　"이 나무는 가수리 느티나무입니다. 약 700년 전 가수리로 이사 온 강릉 유씨가 심은 나무라고 전해져요. 동강의 여러 아름다운 풍경을 동강 12경이라고 하는데, 이 가수리 느티나무는 바로 동강 1경이랍니다."

　　자연환경 해설사 도연 씨의 설명 덕분에 탐방객들은 동강을 더 깊이 알 수 있었어요.

　　자연환경 해설사는 탐방객과 동행하면서 그 지역 자연환경을 소개하고, 더불어 역사와 문화, 유적 등을 알려 주는 일을 해요. 자연환경 해설사는 사람들에게 그 지역 자연의 아름다움을 알리고, 자연환경을 보호해야 할 필요성을 일깨워 준답니다.

직업의 변천과 미래 유망 직업

각 직업은 시대의 흐름에 따라 새로 생겨나기도 하고 없어지기도 해요. 지금은 이름조차 생소한 직업들이 10년 뒤에는 인기 직업이 될 수도 있고, 현재 인기 있는 직업이 먼 미래에는 사라질 수도 있지요. 그럼 옛날에는 어떤 직업이 인기 있었고, 또 미래에는 어떤 직업이 인기를 끌까요?

○ 시대별 우리나라 인기 직업

시대	인기 직업
1950년대	장교, 권투 선수, 전차 운전사, 전화 교환원, 라디오 조립원
1960년대	택시 운전사, 엔지니어, 다방 DJ, 은행원, 가발 기술자, 버스 안내원
1970년대	건설 기술자, 무역업 종사자, 대기업 직원, 항공기 승무원
1980년대	펀드 매니저, 반도체 엔지니어, 연예인, 야구 선수, 카피라이터
1990년대	벤처 기업가, 프로그래머, 외환 딜러, 가수, 경영 컨설턴트, 공무원
2000년대	공인 회계사, 커플 매니저, 사회 복지사, 디자이너, 한의사, 프로 게이머
2010년대	한의사, 생명 과학 연구원, 컴퓨터 보안 전문가, 물류 관리 전문가

* 김병숙, 『한국직업발달사』; 이종구 외, 「한국 직업 변천사의 시대별 특성 비교분석에 관한 탐색적 연구」; 『커리어 매거진』 참조.

○ 일자리 전망이 좋은 직업

정보 통신 컨설턴트	응용 소프트웨어 개발자
가상 현실 전문가	모바일 앱 개발자
웹 개발자	빅데이터 전문가
로봇 공학 기술자	의약품 공학 기술자
방재 기술자	산업 안전 관리원
항공기 조종사	크리에이터
변호사	변리사
심리 상담사	청소년 지도사
생활 지도원	물리 치료사
작업 치료사	동물 보건사

*한국고용정보원(2024)

미래에는 이런 직업에 종사하는 사람들이 많이 필요할 거야!

찾아보기

CEO 90

가구 디자이너 92
가방 디자이너 116
간호사 38
건축가 82
검사 72
검찰 수사관 72
게임 프로그래머 14
겸임 교수 50
경찰관 66
공사 62
공인 중개사 148
과학 수사관 70
관상어 관리사 154
광고 기획자 96
광고 디자이너 96
교통 경찰 66
교통 설계 기술자 80
구급 대원 64
구조 공학자 82
구조 대원 64
국무 위원 58
국무총리 58
국제 구호 활동가 54
국회 속기사 76
국회 의원 60
기상 연구원 28
기상 캐스터 28
기자 130

노인 사회 복지사 52
농부 88
농업 드론 방제사 88
농업 연구사 88

뉴스 아나운서 132

대기 환경 기술자 84
대사 62
대통령 58
대학교수 50
도시 계획가 80
동물 매개 치료사 46
동물원 사육사 154
드라마 피디(PD) 134
디지털 장의사 26

로봇 설계 엔지니어 10
로봇 시스템 개발자 10
로봇 엔지니어 10
로봇 연구원 10

마취 전문 간호사 38
모바일 프로그래머 14
문학 작가 138
뮤지컬 배우 118
미래학자 30
미술 감독 120
미용사 152

반려동물 미용사 152
반려동물 장례 지도사 146
발레리나 122
방송 연출가(PD) 134
방송 작가 138
배관원 82
배우 118
법무사 72
법원 속기사 76
변호사 74

보컬 트레이너 106
빅데이터 전문가 24

사상 의학 연구원 42
사서 32
사육사 154
사이버 수사 요원 66
사진 기자 114
사진작가 114
사회 복지사 52
산부인과 의사 36
산업 카운슬러 40
삼등 항해사 22
상업 사진작가 114
생태 사진작가 114
선박 항해사 22
선장 22
소믈리에 150
소방관 64
속기사 76
수사 경찰 66
수석 비서관 58
수술실 간호사 38
수영 강사 156
스마트 팜 구축가 88
스포츠 심리 상담원 124
스포츠 아나운서 132
시나리오 작가 138
시사 교양 피디(PD) 134
신발 디자이너 116
심리 상담사 40
심판 124

아나운서 132
아동 사회 복지사 52
안무가 106

여객기 조종사 20
연극배우 118
연예인 매니저 106
연주가 110
영사 62
영상 편집자 128
영화감독 120
영화배우 118
영화 시나리오 작가 120
예능 피디(PD) 134
외교관 62
요리사 150
요리 연구가 150
용기 디자이너 92
우주 비행사 18
우주선 엔지니어 18
우주선 조종사 18
우주 실험 전문가 18
운동선수 124
운동 코치 124
웹툰 보조 작가 104
웹툰 작가 104
웹툰 피디(PD) 104
웹 프로그래머 14
유튜버 128
유튜브 피디(PD) 128
은행원 98
음향 감독 120
응급실 간호사 38
의사 36
이등 항해사 22
이발사 152
인공지능 전문가 12
인쇄기 조작원 140
일기 예보관 28
일등 항해사 22
일러스트레이터 112

자가용 비행기 조종사 20
자동차 디자이너 92
자막 방송 속기사 76
자연환경 해설사 158
작가 138
작곡가 110
작사가 110
장기 구득 코디네이터 44
장기 이식 코디네이터 44
장례 도우미 146
장례 지도사 146
전기 기사 82
전임 교수 50
전투기 조종사 20
정신 건강 사회 복지사 52
정신 건강 의학과 의사 36
제품 디자이너 92
조각가 112
조경 기술자 80
증권 중개인 100
지상직 승무원 144
지휘자 110

초등학교 교사 48
초빙 교수 50
촬영 기자 130
출판 마케터 140
출판물 편집자 140
취재 기자 130

카피라이터 96
캐릭터 디자이너 94
컴퓨터 보안 전문가 16
컴퓨터 프로그래머 14
케이팝 아티스트 106

큐레이터 112

토목 공학 기술자 80
토양 환경 기술자 84
통역사 136
투자 분석가 100
특수 동물 관리사 154

판사 72
패션 디자이너 116
패션모델 116
펀드 매니저 100
편집 기자 130
편집 디자이너 140
푸드 스타일리스트 150
프로 게이머 108
프로파일러 68
필라테스 강사 156

학교 상담 교사 40
한방 간호사 42
한약재 품질 규격 연구원 42
한의사 42
항공기 승무원 144
항공기 운항 정비사 144
항공기 조종사 20
해양 경찰 66
헬스 트레이너 156
화가 112
화재 진압 대원 64
환경미화원 78
환경 영향 평가사 84
흉부외과 의사 36

참고 자료
네이버 지식백과, 「자격증 사전」
네이버 지식백과, 「직업의 세계」
한국고용정보원, 「고용24」
한국직업능력연구원, 「커리어넷」
한국학중앙연구원, 「한국민족문화대백과사전」

읽다 보면 사회 상식이 저절로
그래서 이런 직업이 생겼대요

초판 1쇄 발행 2025년 7월 9일
초판 2쇄 발행 2025년 8월 22일

글쓴이 우리누리 | 그린이 송진욱

발행인 이종원 | **발행처** ㈜길벗스쿨 | **출판사 등록일** 2025년 5월 28일
주소 서울시 마포구 월드컵로 10길 56(서교동) | **대표전화** 02)332-0931 | **팩스** 02)322-3895
홈페이지 school.gilbut.co.kr | **이메일** gilbut@gilbut.co.kr
기획 및 책임편집 김언수, 김진영 | **제작** 이준호, 손일순, 이진혁 | **마케팅** 양정길, 지하영, 김령희
영업유통 진창섭 | **영업관리** 정경화 | **독자지원** 윤정아
CTP출력 및 인쇄 교보피앤비 | **제본** 신정문화사
디자인 양×호랭 DESIGN | **교정교열** 김미경

잘못 만든 책은 구입한 서점에서 바꿔 드립니다.
이 책은 저작권법에 따라 보호받는 저작물이므로 무단전재와 무단복제를 금합니다.
이 책의 전부 또는 일부를 이용하려면 반드시 사전에 저작권자와 ㈜길벗스쿨의 서면 동의를 받아야 합니다.
인공 지능(AI) 기술 또는 시스템을 훈련하기 위해 이 책의 전체 내용은 물론 일부 문장도 사용하는 것을 금합니다.

ⓒ 우리누리, 송진욱

ISBN 979-11-993023-1-0(73300) (길벗스쿨 도서번호 200440)

제품명 : 그래서 이런 직업이 생겼대요	주소 : 서울시 마포구 월드컵로 10길 56(서교동)
제조사명 : ㈜길벗스쿨	전화번호 : 02-332-0931
제조국명 : 대한민국	제조년월 : 판권에 별도 표기
사용연령 : 8세 이상	KC마크는 이 제품이 공통안전기준에 적합하였음을 의미합니다.